9788953139367

이규현 목사의
묵상이 있는

암송 365일

말씀 암송으로

흘러넘치는 삶을 살기 원하는

_____님께 드립니다.

이규현 목사의 묵상이 있는

암송 365일

지은이 이규현
초판 발행 2020. 12. 22
8쇄 2024. 11. 29

등록번호 제1988-000080호
등록된 곳 서울특별시 용산구 서빙고로 65길 38
발행처 사단법인 두란노서원
영업부 2078-3333 FAX 080-749-3705 출판부 2078-3331
ISBN 978-89-531-3936-7 03230 값 12,000원

ⓒ 저자와의 협약 아래 인지는 생략되었습니다.

이 출판물은 저작권법에 의해 보호를 받는 저작물이므로 무단 전재와 무단 복제, 무단 사용을 할 수 없습니다.

이를 어길 시 법적 조치를 할 수 있음을 알려드립니다.

* 독자의 의견을 기다립니다. tpress@duranno.com / www. duranno.com

* 본문에 사용된 성경은 개역개정임을 밝힙니다.

두란노서원은 바울 사도가 3차 전도여행 때 에베소에서 성령 받은 제자들을 따로 세워 하나님의 말씀으로 양육하던 장소입니다. 사도행전 19장 8-20절의 정신에 따라 첫째 목회자를 돕는 사역과 평신도를 훈련시키는 사역, 둘째 세계선교(TIM)와 문서선교(단행본·잡지) 사역, 셋째 예수문화 및 경배와 찬양 사역, 그리고 가정·상담 사역 등을 감당하고 있습니다. 1980년 12월 22일에 창립된 두란노서원은 주님 오실 때까지 이 사역들을 계속할 것입니다.

저자 이규현

이규현 목사는 영혼을 향한 따뜻한 마음이 있다. 그는 하나님이 우리 인생에 개입하여 경고하신다는 사실을 깨달았다. 이후 세상의 지식에 몰두하여 영적으로 잠들어 있는 인생들을 깨우는 나팔을 불고 있다. 그래서 그는 하나님의 파수꾼이다.

이 책은 저자가 평소 암송하고 묵상하는 구절을 뽑은 것이다. 말씀을 더욱 깊이 있게 암송하고 묵상할 수 있도록 저자의 어록과 설교를 곁들였다.

이규현 목사는 현재 수영로교회 담임목사이며, 아시아언어문화연구소(아릴락, Asia Research Institute of Language And Culture) 이사장으로 섬기고 있다. 총신대학교 신학대학원에서 신학을 공부한 뒤, 호주에서 시드니새순장로교회를 개척해 약 20년간 사역했다. 저서로 《그대 느려도 좋다》, 《흘러 넘치게 하라》, 《묵상의 사람》, 《가장 위대한 일 기도》, 《담대함》, 《다시 새롭게》 (이상 두란노) 등 다수가 있다.

수영로교회 http://www.sooyoungro.org

31
십이월

자기 두루마기를 빠는 자들은 복이 있으니 이는 그들이 생명나무에 나아가며 문들을 통하여 성에 들어갈 권세를 받으려 함이로다 계 22:14

/ 설교 영상 /

마지막 시대 승리의 비결은 말씀을 더 깊이 사모하고
가까이하는 것입니다. 최후의 승자가 되는 것이
신자의 목표입니다.

Prologue

매일 말씀을 암송하고 묵상하는 것은

하늘의 능력을 공급받는 일입니다.
지친 영혼에게 삶의 활력을 불어넣어 일어서게 합니다.
삶이 혼란할 때 길을 밝히는 빛이 됩니다.
암송과 묵상이 쌓일수록 영혼은 견고해집니다.

순례의 길을 포기하지 않고 완주하게 하는
최상의 선택은 말씀입니다.

30
십이월

그리스도 예수의 사람들은 육체와 함께 그 정욕과 탐심을 십자가에 못 박았느니라
갈 5:24

/ 설교 영상 /

정욕과 탐심을 가볍게 여기면 큰코다칩니다.
작은 탐심부터 정복해 가야 합니다.
성령님의 도우심을 받아야 합니다.

여호와는 나의 목자시니 내게 부족함이 없으리로다
그가 나를 푸른 풀밭에 누이시며 쉴 만한 물가로 인도하시는도다
내 영혼을 소생시키시고 자기 이름을 위하여 의의 길로 인도하시는도다
내가 사망의 음침한 골짜기로 다닐지라도 해를 두려워하지 않을 것은
주께서 나와 함께하심이라 주의 지팡이와 막대기가 나를 안위하시나이다
주께서 내 원수의 목전에서 내게 상을 차려 주시고
기름을 내 머리에 부으셨으니 내 잔이 넘치나이다

내 평생에 선하심과 인자하심이 반드시 나를 따르리니
내가 여호와의 집에 영원히 살리로다 _____시편 23편

29
십이월

너희는 이 세대를 본받지 말고 오직
마음을 새롭게 함으로 변화를 받아
하나님의 선하시고 기뻐하시고 온전하신
뜻이 무엇인지 분별하도록 하라

롬 12:2

/ 설교 영상 /

오염 수치가 높아져 가는 세상입니다.
분별력을 키워야 합니다. 변화가 계속 일어나야 합니다.

1

January

목자

여호와는 나의 목자시니

28
십이월

하나님의 나라를 전파하며 주 예수 그리스도에 관한 모든 것을 담대하게 거침없이 가르치더라 행 28:31

/ 설교 영상 /

담대하게 거침없이 전할 것을 발견한 인생은 후회가 없습니다.
복음을 가진 사람은 외부적 요인에 주눅 들지 않습니다.

01
일 월

태초에 하나님이 천지를 창조하시니라

창 1:1

/ 설교 영상 /

무에서 유를 창조하신 하나님과 함께하면
새로운 역사는 지금도 계속됩니다.

27
십이월

내가 달려갈 길과 주 예수께 받은
사명 곧 하나님의 은혜의 복음을 증언
하는 일을 마치려 함에는
나의 생명조차 조금도 귀한 것으로
여기지 아니하노라 행 20:24

/ 설교 영상 /

사명을 받은 인생은 생명을 겁니다.
생명 걸 일을 붙든 사람은 달음질하며 살아갑니다.

02
일 월

나는 너를 애굽 땅,
종 되었던 집에서 인도하여 낸
네 하나님 여호와니라

출 20:2

/ 설교 영상 /

하나님은 모든 얽매인 것에서
자유를 누리게 하시는 분입니다.

26
십이월

하나님이 말씀하시기를 말세에 내가 내 영을 모든 육체에 부어 주리니 너희의 자녀들은 예언할 것이요 너희의 젊은이들은 환상을 보고 너희의 늙은이들은 꿈을 꾸리라 행 2:17

/ 설교 영상 /

주의 영이 임하시면 예언을 하고 환상을 보고 꿈을 꾸는 일이 특별한 것이 아닙니다.

03
일 월

이스라엘아 들으라
우리 하나님 여호와는
오직 유일한 여호와이시니

신 6:4

／ 설교 영상 ／

무엇에 귀를 기울이느냐에 따라 가는 길이 달라집니다.

25
십이월

이는 한 아기가 우리에게 났고
한 아들을 우리에게 주신 바 되었는데
그의 어깨에는 정사를 메었고 그의 이름은
기묘자라, 모사라, 전능하신 하나님이라,
영존하시는 아버지라, 평강의 왕이라
할 것임이라 사 9:6

/ 설교 영상 /

예수님 한 분에게 모든 것이 달려 있습니다.
비밀 중의 비밀이고 신비 중의 신비입니다.

04
일 월

너는 마음을 다하고
뜻을 다하고 힘을 다하여
네 하나님 여호와를 사랑하라

신 6:5

/ 설교 영상 /

하나님을 사랑하는 일을 취미 정도로
가볍게 여기지 않는지 점검해 보아야 합니다.

24
십이월

내가 하늘에서 내려온 것은 내 뜻을 행하려 함이 아니요 나를 보내신 이의 뜻을 행하려 함이니라 요 6:38

/ 설교 영상 /

그리스도가 세상에 오신 이유는 분명합니다.
하루를 살아도 내가 사는 이유를 알고 있어야 합니다.

05
일 월

오늘 내가 네게 명하는 이 말씀을 너는 마음에 새기고
신 6:6

/ 설교 영상 /

말씀은 물에 새기는 것이 아니라 마음 판에 새기는 것입니다.

23
십이월

이르시되 아버지여 만일 아버지의 뜻이거든 이 잔을 내게서 옮기시옵소서 그러나 내 원대로 마시옵고 아버지의 원대로 되기를 원하나이다 하시니 눅 22:42

내가 원하는 것과 아버지가 원하시는 것이 충돌할 때가 많습니다.
쉽지 않지만 아버지의 뜻 앞에 굴복해야 합니다.
아버지의 뜻이 이겨야 합니다.

/ 설교 영상 /

06
일 월

내가 산을 향하여 눈을 들리라 나의 도움이 어디서 올까

시 121:1

/ 설교 영상 /

하나님은 흔들리지 않는 산처럼
언제나 그곳에 계십니다.

22
십이월

예수께서 이르시되
나를 따라오라 내가 너희로
사람을 낚는 어부가 되게 하리라
하시니 막 1:17

/ 설교 영상 /

예수님은 전도하러 오셨고, 전도를 명하고 가셨습니다.
우리는 명 받은 사람 낚는 어부입니다.

07 일 월

여호와께서 말씀하시되 오라 우리가 서로 변론하자 너희의 죄가 주홍 같을지라도 눈과 같이 희어질 것이요 진홍같이 붉을지라도 양털같이 희게 되리라 사 1:18

/ 설교 영상 /

사죄의 은총을 얻는 것보다 더 큰 복이 없습니다.

21
십이월

내가 너희에게 분부한 모든 것을
가르쳐 지키게 하라 볼지어다
내가 세상 끝날까지 너희와
항상 함께 있으리라 하시니라

마 28:20

/ 설교 영상 /

예수님의 마지막 유언은 반드시 지켜야 신자의 도리입니다.
대사명을 받들고 살 때 주님이 함께하시는 복을 누릴 수 있습니다.

08
일 월

그는 실로 우리의 질고를 지고 우리의
슬픔을 당하였거늘 우리는 생각하기를
그는 징벌을 받아 하나님께 맞으며
고난을 당한다 하였노라

사 53:4

/ 설교 영상 /

그리스도가 죽으심으로 우리에게 주어진 은혜는
언어로는 표현할 길이 없습니다.

20
십이월

그러므로 너희는 가서
모든 민족을 제자로 삼아
아버지와 아들과 성령의 이름으로
세례를 베풀고 마 28:19

/ 설교 영상 /

신약의 성도들은 '가라'는 동사에 충실해야 합니다.
모든 민족을 제자로 삼는 일은 거부할 수 없는 명령입니다.

09
일 월

그러나 내가 가는 길을 그가 아시나니
그가 나를 단련하신 후에는
내가 순금같이 되어 나오리라

욥 23:10

순금은 자동으로 만들어지지 않습니다.

/ 설교 영상 /

19
십이월

그 주인이 이르되 잘하였도다 착하고 충성된 종아 네가 적은 일에 충성하였으매 내가 많은 것을 네게 맡기리니 네 주인의 즐거움에 참여할지어다 하고 마 25:23

/ 설교 영상 /

주인이 무엇인가를 맡기고 싶은 사람은 따로 있습니다.
그런 사람은 자기보다 주인의 뜻을 더 생각합니다.
주인에게 충성하는 사람입니다.

10
일 월

여호와는 나의 목자시니 내게 부족함이
없으리로다 그가 나를 푸른 풀밭에 누이시며
쉴 만한 물 가로 인도하시는도다
내 영혼을 소생시키시고 자기 이름을 위하여
의의 길로 인도하시는도다 시 23:1-3

/ 설교 영상 /

부족함이 없는 삶은 불가능한 꿈이 아닙니다.
답은 의외로 가까운 곳에 있습니다.

18
십이월

이에 예수께서 제자들에게 이르시되
누구든지 나를 따라오려거든 자기를
부인하고 자기 십자가를 지고
나를 따를 것이니라 마 16:24

/ 설교 영상 /

주님을 따라가는 데 가장 내려놓기 힘든 것이 자신입니다.
자기 부인이 죽기보다 싫을 때가 있습니다.
자기 부인인가 예수 부인인가 선택해야 합니다.

11
일 월

하나님이여 사슴이 시냇물을 찾기에 갈급함같이 내 영혼이 주를 찾기에 갈급하니이다

시 42:1

설교 영상

인간은 자신이 목말라하는 것을 찾아가게 되어 있습니다.
무엇에 목이 마르십니까?

17
십이월

> 그러므로 너희 죄를 서로 고백하며
> 병이 낫기를 위하여 서로 기도하라
> 의인의 간구는 역사하는 힘이 큼이라
>
> 약 5:16

/ 설교 영상 /

공동체 안에서의 좋은 관계는 강력한 힘을 발휘합니다.
함께 기도하면 그 위력이 대단합니다.

12
일 월

야곱의 하나님을 자기의 도움으로
삼으며 여호와 자기 하나님에게
자기의 소망을 두는 자는 복이 있도다

시 146:5

／ 설교 영상 ／

거짓 희망에 시달리지 않으려면
진정한 소망을 붙들어야 합니다.

16
십이월

주 여호와의 말씀이니라 보라 날이 이를지라 내가 기근을 땅에 보내리니 양식이 없어 주림이 아니며 물이 없어 갈함이 아니요 여호와의 말씀을 듣지 못한 기갈이라 암 8:11

/ 설교 영상 /

기근 중의 기근은 말씀의 기근입니다.
말씀이 귀에 들리고 가슴을 울리고 있다면 말씀의 풍년입니다.

13
일 월

은을 사랑하는 자는 은으로 만족하지 못하고 풍요를 사랑하는 자는 소득으로 만족하지 아니하나니 이것도 헛되도다 전 5:10

／ 설교 영상 ／

불만족 병이 유행입니다.
치료제는 더 채움이 아니라 더 내려놓음입니다.

15
십이월

너희가 내게 부르짖으며 내게 와서 기도하면 내가 너희들의 기도를 들을 것이요 렘 29:12

/ 설교 영상 /

기도 응답이 하나둘 쌓일 때 신앙은 더 깊어져 가고
하나님을 알아 가는 즐거움이 더해 갑니다.

14
일 월

예수께서 이르시되 내가 곧
길이요 진리요 생명이니
나로 말미암지 않고는
아버지께로 올 자가 없느니라

요 14:6

예수 그리스도는 세상의 무엇과도 타협할 수 없는
유일한 구원의 길임을 선포해야 합니다.

/ 설교 영상 /

14
십이월

> 외치는 자의 소리여 이르되 너희는 광야에서 여호와의 길을 예비하라 사막에서 우리 하나님의 대로를 평탄하게 하라 사 40:3

／설교 영상／

그리스도를 통해 하나님께로 나아가는 길이 활짝 열렸습니다.
이제 그 길을 가면 됩니다.

15
일 월

나는 여호와이니 이는 내 이름이라
나는 내 영광을 다른 자에게,
내 찬송을 우상에게
주지 아니하리라 사 42:8

/ 설교 영상 /

하나님은 한 번도 우상에게 당신의 영광을
빼앗겨 보신 적이 없습니다.

13
십이월

일의 결국을 다 들었으니 하나님을 경외하고 그의 명령들을 지킬지어다 이것이 모든 사람의 본분이니라 전 12:13

/ 설교 영상 /

사람의 본분은 분명합니다.
살아야 할 삶의 방향을 알고 사는 사람은 방황할 이유가 없습니다.

16
일 월

그러나 여호와여, 이제 주는 우리 아버지시니이다 우리는 진흙이요 주는 토기장이시니 우리는 다 주의 손으로 지으신 것이니이다 사 64:8

/ 설교 영상 /

하나님께 우리 삶을 온전히 맡기면
질그릇 같은 인생이라도 위대하게 사용하십니다.

12
십이월

충성된 사자는 그를 보낸 이에게
마치 추수하는 날에 얼음 냉수 같아서
능히 그 주인의 마음을 시원하게
하느니라 잠 25:13

/ 설교 영상 /

주인의 마음을 시원하게 하는 사람은 많지 않습니다.
주인의 마음에 드는 사람은 충성된 사람입니다.

17
일 월

보라 여호와의 크고 두려운 날이 이르기 전에 내가 선지자 엘리야를 너희에게 보내리니

말 4:5

／설교 영상／

역사의 흥망성쇠는 모두 하나님의 손끝에 달려 있습니다.

11
십이월

노하기를 더디하는 자는 용사보다 낫고 자기의 마음을 다스리는 자는 성을 빼앗는 자보다 나으니라
잠 16:32

/ 설교 영상 /

마음을 다스리는 일은 천하를 다스리는 것보다 어렵습니다.
천하를 다스려도 마음을 다스리지 못하면 실패한 인생입니다.

18
일 월

아들을 낳으리니 이름을 예수라 하라 이는 그가 자기 백성을 그들의 죄에서 구원할 자이심이라 하니라 마 1:21

/ 설교 영상 /

죄 문제를 해결 받는 것보다 더 중요한 일은 없습니다.
그 길은 오직 하나 예수 그리스도입니다.

10
십이월

좀 더 자자, 좀 더 졸자, 손을 모으고 좀 더 누워 있자 하면 네 빈궁이 강도같이 오며 네 곤핍이 군사같이 이르리라 잠 6:10-11

/ 설교 영상 /

게으름은 악한 것입니다.
게으르면 다른 사람에게 피해를 입히게 됩니다. 게으르면 망합니다.

19
일 월

시몬 베드로가 대답하여 이르되
주는 그리스도시요 살아 계신
하나님의 아들이시니이다

마 16:16

혼들림 없는 분명한 신앙고백이
신앙의 기본이자 교회의 터를 견고히 쌓는 일입니다.

／ 설교 영상 ／

09
십이월

너는 마음을 다하여 여호와를 신뢰하고
네 명철을 의지하지 말라
너는 범사에 그를 인정하라 그리하면
네 길을 지도하시리라 잠 3:5-6

초불확실성 시대를 살고 있습니다. 내일을 알 수 없습니다.
매일 한 걸음씩 주님의 지도를 받고 미래를 맡기며 살아가야 합니다.

/ 설교 영상 /

20
일 월

너희에게는 심지어 머리털까지도 다 세신 바 되었나니 두려워하지 말라 너희는 많은 참새보다 더 귀하니라 눅 12:7

／ 설교 영상 ／

두려워하지 말아야 하는 이유는
우리 삶 전체가 하나님의 손안에 있기 때문입니다.

08
십이월

보라 형제가 연합하여 동거함이 어찌 그리 선하고 아름다운고

시 133:1

/ 설교 영상 /

세상에서 가장 아름다운 것이 연합입니다.
마귀가 가장 싫어하는 것도 연합입니다.

21
일 월

주도 한 분이시요 믿음도 하나요
세례도 하나요 엡 4:5

/ 설교 영상 /

사탄은 분열을 조장하지만 하나님의 백성은
그리스도 안에서 하나 됨을 붙들어야 합니다.

07
십이월

청년이 무엇으로 그의 행실을
깨끗하게 하리이까
주의 말씀만 지킬 따름이니이다

시 119:9

/ 설교 영상 /

거룩을 잃으면 할 일이 없습니다.
머리털 깎인 삼손 같은 인생이 됩니다. 거룩은 능력입니다.

22
일 월

그는 근본 하나님의 본체시나 하나님과 동등됨을 취할 것으로 여기지 아니하시고 오히려 자기를 비워 종의 형체를 가지사 사람들과 같이 되셨고 사람의 모양으로 나타나사 자기를 낮추시고 죽기까지 복종하셨으니 곧 십자가에 죽으심이라 빌 2:6-8

/ 설교 영상 /

십자가의 도를 따르는 제자들은 겸손,
또 겸손, 또 겸손해야 합니다.

06
십이월

주의 권능의 날에 주의 백성이
거룩한 옷을 입고 즐거이 헌신하니
새벽 이슬 같은 주의 청년들이
주께 나오는도다 시 110:3

/ 설교 영상 /

청년은 육체적인 나이로 결정되는 것이 아닙니다.
주를 위해 즐거이 헌신하는 자가 청년입니다.

23

일 월

하나님은 한 분이시요 또 하나님과 사람 사이에 중보자도 한 분이시니 곧 사람이신 그리스도 예수라 딤전 2:5

/ 설교 영상 /

내가 오늘 하루 존재할 수 있는 힘은 내 능력이 아닌 그리스도의 중보 덕분입니다.

05
십이월

> 내 평생에 선하심과 인자하심이 반드시 나를 따르리니 내가 여호와의 집에 영원히 살리로다 시 23:6

/ 설교 영상 /

하나님의 백성은 이미 승리가 보장된 삶을 살고 있습니다.
결론은 하나님의 선하심에 의해 이미 결정되어 있습니다.

24
일 월

하나님이 우리에게 주신 것은
두려워하는 마음이 아니요
오직 능력과 사랑과
절제하는 마음이니 딤후 1:7

/ 설교 영상 /

두려움은 하나님에게서 온 것이 아닙니다.

04
십이월

복 있는 사람은
악인들의 꾀를 따르지 아니하며
죄인들의 길에 서지 아니하며
오만한 자들의 자리에 앉지 아니하고

시 1:1

/ 설교 영상 /

복 있는 사람은 함께하는 사람이 다릅니다.
사람을 만날 때 분별력을 가지고 만나야 합니다.

25
일 월

그러나 너는 배우고 확신한 일에 거하라 너는 네가 누구에게서 배운 것을 알며

딤후 3:14

/ 설교 영상 /

애매모호한 신앙으로는 세상을 이길 수 없습니다.
배우고 확신의 단계로 나아가십시오.

03
십이월

그것들에게 절하지 말며 그것들을 섬기지 말라
나 네 하나님 여호와는 질투하는 하나님인즉
나를 미워하는 자의 죄를 갚되 아버지로부터
아들에게로 삼사 대까지 이르게 하거니와

출 20:5

/ 설교 영상 /

우상 숭배의 죄는 작지 않습니다.
하나님은 그분 외에 다른 것을 섬기는 행위를
용납하지 않으십니다.

26 일월

모든 성경은 하나님의 감동으로 된 것으로 교훈과 책망과 바르게 함과 의로 교육하기에 유익하니 딤후 3:16

하나님의 말씀은 삶의 방황과 낭비를 줄여 주고
최상의 길을 걸어가게 합니다.

/ 설교 영상 /

02
십이월

너를 위하여 새긴 우상을 만들지 말고 또 위로 하늘에 있는 것이나 아래로 땅에 있는 것이나 땅 아래 물 속에 있는 것의 어떤 형상도 만들지 말며

출 20:4

／ 설교 영상 ／

오늘날 우상은 우리 마음속에서 계속 만들어지고 있습니다.
영적으로 깨어 있지 않으면 우상 숭배 중일지도 모릅니다.

27 일월

하나님의 말씀은 살아 있고 활력이 있어 좌우에 날선 어떤 검보다도 예리하여 혼과 영과 및 관절과 골수를 찔러 쪼개기까지 하며 또 마음의 생각과 뜻을 판단하나니 히 4:12

/ 설교 영상 /

하나님 말씀보다
우리의 영혼 깊은 곳을 다루고 고치는 것은 없습니다.

01
십이월

너는 나 외에는
다른 신들을
네게 두지 말라
출 20:3

/ 설교 영상 /

하나님은 홀로 유일하신 분입니다.
하나님은 홀로 경배 받으실 분입니다.

28
일 월

믿음은 바라는 것들의 실상이요 보이지 않는 것들의 증거니

히 11:1

/ 설교 영상 /

믿음의 눈이 열리면 새로운 세계가 펼쳐집니다.

12

December

따라감

내 평생에 선하심과 인자하심이 반드시 나를 따르리니
내가 여호와의 집에 영원히 살리로다

14
삼 월

육신의 생각은 사망이요 영의 생각은 생명과 평안이니라 롬 8:6

/ 설교 영상 /

행동 이전에 생각으로도 인생이 바뀝니다.
지금 생각하는 것이 인생입니다.

16
시월

내가 복음을 부끄러워하지 아니하노니 이 복음은 모든 믿는 자에게 구원을 주시는 하나님의 능력이 됨이라 먼저는 유대인에게요 그리고 헬라인에게로다 롬 1:16

/ 설교 영상 /

복음의 광휘로움을 발견한 사람은 부끄러워하지 않을 뿐 아니라 자랑스럽게 여깁니다.

15
삼 월

너희는 다시 무서워하는 종의 영을 받지 아니하고 양자의 영을 받았으므로 우리가 아빠 아버지라고 부르짖느니라 롬 8:15

/ 설교 영상 /

하나님을 향해 "아빠!"라고 부르는 순간 모든 것이 달라집니다.

15
시월

지극히 작은 것에 충성된 자는
큰 것에도 충성되고
지극히 작은 것에 불의한 자는
큰 것에도 불의하니라 눅 16:10

/ 설교 영상 /

작은 것은 작은 것이 아닙니다.
작은 것에서 위대함이 드러납니다.
작은 것을 대하는 태도에서 미래가 결정됩니다.

16
삼 월

사람이 마음으로 믿어 의에 이르고 입으로 시인하여 구원에 이르느니라 롬 10:10

/ 설교 영상 /

마음으로 믿고 입으로 시인하는 일은
위대한 결과에 이르게 합니다.

14
시월

시험에 들지 않게 깨어 있어
기도하라 마음에는 원이로되
육신이 약하도다 하시고

막 14:38

/ 설교 영상 /

항상 깨어 있는 것이 영성입니다.
기도의 자리에 참여하는 것이 중요한 것이 아니라
깨어 있는 기도생활이 생명입니다.

17
삼 월

그러므로 형제들아 내가 하나님의 모든 자비하심으로 너희를 권하노니 너희 몸을 하나님이 기뻐하시는 거룩한 산 제물로 드리라 이는 너희가 드릴 영적 예배니라 롬 12:1

/ 설교 영상 /

몸을 어디에 바칠 것인가?
예배는 부분이 아니라 모든 것을 바치는 일입니다.

13
시 월

인자가 온 것은
섬김을 받으려 함이 아니라 도리어
섬기려 하고 자기 목숨을 많은 사람의
대속물로 주려 함이니라

마 20:28

/ 설교 영상 /

그리스도가 섬기는 자로 사셨다면 그를 따르는 자들은
말해 무엇 합니까. 그리스도인에게는 성공보다 섬김이
핵심 가치여야 합니다.

18
삼 월

내가 복음을 전할지라도 자랑할 것이 없음은 내가 부득불 할 일임이라 만일 복음을 전하지 아니하면 내게 화가 있을 것이로다 고전 9:16

/ 설교 영상 /

복음을 경험한 사람은 그 특성상
복음을 감출 수가 없습니다.

12
시월

수고하고 무거운 짐 진 자들아 다 내게로 오라 내가 너희를 쉬게 하리라 마 11:28

/ 설교 영상 /

그리스도는 우리가 지지 않아도 될 짐들이 무엇인지를 알려 주십니다. 쉼이 없다면 이유가 무엇인지 살펴보아야 합니다.

19
삼 월

무명한 자 같으나 유명한 자요 죽은 자 같으나 보라 우리가 살아 있고 징계를 받는 자 같으나 죽임을 당하지 아니하고 고후 6:9

/ 설교 영상 /

참 그리스도인은 이전의 삶과 전혀 다른 것을 추구합니다.

11
시월

그런즉 너희는 먼저
그의 나라와 그의 의를 구하라
그리하면 이 모든 것을 너희에게
더하시리라 마 6:33

/ 설교 영상 /

우선순위를 붙들고 살면 삶이 질서정연해집니다.
우선순위가 뒤틀리면 모든 것이 뒤엉킵니다.

20 / 삼월

근심하는 자 같으나 항상 기뻐하고 가난한 자 같으나 많은 사람을 부요하게 하고 아무것도 없는 자 같으나 모든 것을 가진 자로다 고후 6:10

/ 설교 영상 /

세상을 따라 살면 편안하지만 평안을 잃어버리고,
풍요하지만 부요함을 잃어버립니다.

10월

> 이같이 너희 빛이 사람 앞에 비치게 하여 그들로 너희 착한 행실을 보고 하늘에 계신 너희 아버지께 영광을 돌리게 하라 마 5:16

/ 설교 영상 /

세상 사람들은 성경을 보고 교회에 오는 것이 아니라,
먼저 우리를 보고 교회에 옵니다. 우리 삶이 제2의 성경입니다.

21
삼 월

그가 어떤 사람은 사도로, 어떤 사람은 선지자로, 어떤 사람은 복음 전하는 자로, 어떤 사람은 목사와 교사로 삼으셨으니 이는 성도를 온전하게 하여 봉사의 일을 하게 하며 그리스도의 몸을 세우려 하심이라

엡 4:11-12

/ 설교 영상 /

주어진 직임을 통해 교회를 세우는 일에 기여해야 합니다.

09
시 월

여호와의 인자와 긍휼이 무궁하시므로 우리가 진멸되지 아니함이니이다 애 3:22

/ 설교 영상 /

내가 잘나서 존재하고 있는 것이 아닙니다.
하나님의 인자와 긍휼에 둘러싸여 오늘도 살고 있기에
감사한 하루입니다.

22
삼 월

너희가 아들이므로 하나님이 그 아들의 영을 우리 마음 가운데 보내사 아빠 아버지라 부르게 하셨느니라 갈 4:6

/ 설교 영상 /

아무나 하나님을 향하여 아빠 아버지라 부르지 못합니다.

08
시월

일을 행하시는 여호와, 그것을 만들며 성취하시는 여호와, 그의 이름을 여호와라 하는 이가 이와 같이 이르시도다 렘 33:2

／ 설교 영상 ／

하나님은 모든 일의 주인이십니다.

23
삼 월

평안을 너희에게 끼치노니 곧 나의 평안을
너희에게 주노라 내가 너희에게 주는 것은
세상이 주는 것과 같지 아니하니라
너희는 마음에 근심하지도 말고 두려워하지도
말라 요 14:27

/ 설교 영상 /

세상이 약속하는 평안은 모조품입니다.
진짜는 하나님이 주십니다.

07
시월

내가 기뻐하는 금식은 흉악의 결박을
풀어 주며 멍에의 줄을 끌러 주며
압제 당하는 자를 자유하게 하며
모든 멍에를 꺾는 것이 아니겠느냐

사 58:6

/ 설교 영상 /

진정한 영성의 길은 단순히 개인적 금욕을 통한 마음의 수련이 아닌,
불의한 세상에서 정의를 행하는 위험한 길입니다.

24
삼 월

너희 안에 이 마음을 품으라
곧 그리스도 예수의 마음이니

빌 2:5

/ 설교 영상 /

어떤 이식보다 중요한 것이 마음의 이식입니다.

06
시월

너희는 이전 일을 기억하지 말며 옛날 일을 생각하지 말라 보라 내가 새 일을 행하리니 이제 나타낼 것이라 너희가 그것을 알지 못하겠느냐 반드시 내가 광야에 길을 사막에 강을 내리니

사 43:18-19

하나님과 동행하는 삶은 늘 새롭습니다.
한 번도 가 보지 않은 경이로운 세계를 열어 줍니다.

/ 설교 영상 /

25
삼 월

그러나 우리의 시민권은 하늘에 있는지라 거기로부터 구원하는 자 곧 주 예수 그리스도를 기다리노니 빌 3:20

세상은 임시 거류지입니다.
하늘 시민권이 우리의 진짜 소속을 알려 줍니다.

/ 설교 영상 /

05
시월

야곱아 너를 창조하신 여호와께서 지금 말씀하시느니라 이스라엘아 너를 지으신 이가 말씀하시느니라 너는 두려워하지 말라 내가 너를 구속하였고 내가 너를 지명하여 불렀나니 너는 내 것이라 사 43:1

／ 설교 영상 ／

사람의 존재 가치는
하나님의 손가락이 향하는 곳에 의해 결정됩니다.

26
삼 월

주 안에서 항상 기뻐하라
내가 다시 말하노니 기뻐하라

빌 4:4

/ 설교 영상 /

기쁨은 상황이나 조건에 의해서 주어지는 것이 아닙니다.
'그리스도 안에서'가 답입니다.

04
시월

도가니는 은을,
풀무는 금을 연단하거니와
여호와는 마음을 연단하시느니라

잠 17:3

/ 설교 영상 /

하나님의 손에 의해 직접 연단 받은 인생은
비교 불가능한 최고의 걸작으로 다시 태어납니다.

27
삼 월

또한 그가 만물보다 먼저 계시고
만물이 그 안에 함께 섰느니라

골 1:17

/ 설교 영상 /

나라는 존재는 그리스도 안에서 비로소 그 빛이 드러납니다.

03
시월

여호와는 나의 반석이시요 나의 요새시요
나를 건지시는 이시요 나의 하나님이시요
내가 그 안에 피할 나의 바위시요
나의 방패시요 나의 구원의 뿔이시요
나의 산성이시로다 시 18:2

/ 설교 영상 /

무엇을 자랑하고 노래할 것인가에 따라 삶의 질이 결정됩니다.
하나님은 영원히 자랑할 이름입니다.

28
삼 월

그러므로 누구든지 이런 것에서 자기를 깨끗하게 하면 귀히 쓰는 그릇이 되어 거룩하고 주인의 쓰심에 합당하며 모든 선한 일에 준비함이 되리라

딤후 2:21

/ 설교 영상 /

내가 얼마나 준비되어 있느냐보다 중요한 것은
하나님이 나를 어떻게 사용하시느냐입니다.

02
시월

또 여호와의 구원하심이 칼과 창에
있지 아니함을 이 무리에게 알게
하리라 전쟁은 여호와께 속한 것인즉
그가 너희를 우리 손에 넘기시리라

삼상 17:47

/ 설교 영상 /

힘을 자랑하는 사람은 언젠가 더 힘센 자에 의해 넘어집니다.
전능하신 분과 겨룰 자는 없습니다.
힘자랑하기보다 어디에 붙을 것인가를 선택해야 합니다.

29
삼 월

예수 그리스도는 어제나 오늘이나 영원토록 동일하시니라

히 13:8

/ 설교 영상 /

변화무쌍한 세상에서 지친 영혼이 붙들 것은
변함없는 예수님뿐입니다.

01
시월

내가 너로 여자와 원수가 되게 하고
네 후손도 여자의 후손과 원수가 되게 하리니
여자의 후손은 네 머리를 상하게 할 것이요
너는 그의 발꿈치를 상하게 할 것이니라
하시고 창 3:15

/ 설교 영상 /

인간의 실패에도 불구하고 하나님은 구원의 길을
오래 전에 약속하셨습니다. 그 약속의 백성은 복이 있습니다.

30
삼 월

사랑은 여기 있으니 우리가 하나님을 사랑한 것이 아니요 하나님이 우리를 사랑하사 우리 죄를 속하기 위하여 화목 제물로 그 아들을 보내셨음이라

요일 4:10

/ 설교 영상 /

그리스도를 통해서 우리는 사랑이 무엇인지 알게 되었습니다.

10

October

구원

주께서 내 원수의 목전에서 내게 상을 차려 주시고

31
삼 월

그러나 내게는 우리 주 예수 그리스도의
십자가 외에 결코 자랑할 것이 없으니
그리스도로 말미암아 세상이 나를 대하여
십자가에 못 박히고 내가 또한
세상을 대하여 그러하니라 갈 6:14

/ 설교 영상 /

그리스도의 십자가 외에 자랑할 것이 없다는 고백은
복음의 광휘로움을 목격한 사람만이 할 수 있습니다.

30
구 월

주의 약속은 어떤 이들이 더디다고 생각하는 것 같이 더딘 것이 아니라 오직 주께서는 너희를 대하여 오래 참으사 아무도 멸망하지 아니하고 다 회개하기에 이르기를 원하시느니라 벧후 3:9

/ 설교 영상 /

하나님의 자비와 긍휼은 무궁합니다.
오늘도 내가 살아 있는 이유이고 힘입니다.

4

April

인도

쉴 만한 물가로 인도하시는도다

29
구 월

사랑하는 자들아
주께는 하루가 천 년 같고
천 년이 하루 같다는 이 한 가지를
잊지 말라 벧후 3:8

/ 설교 영상 /

믿음 안에서 살아가는 사람은 하나님의 시간 안으로
들어간 것입니다. 다른 시간 계산법이 작동되고 있는 것입니다.

01 사 월

우리에게 있는 대제사장은 우리의 연약함을 동정하지 못하실 이가 아니요 모든 일에 우리와 똑같이 시험을 받으신 이로되 죄는 없으시니라

히 4:15

그리스도는 우리를 충분히 이해하고 공감하고 도우실 수 있는 분입니다.

/ 설교 영상 /

28 구월

친히 나무에 달려 그 몸으로 우리 죄를 담당하셨으니 이는 우리로 죄에 대하여 죽고 의에 대하여 살게 하려 하심이라 그가 채찍에 맞음으로 너희는 나음을 얻었나니 벧전 2:24

/ 설교 영상 /

십자가에 매달리심은 저주의 나무에 매달리신 것입니다.
십자가를 믿으면 더 이상 어떤 저주도 남아 있지 않고
완전히 소멸된 것입니다.

02 사월

그가 찔림은 우리의 허물 때문이요
그가 상함은 우리의 죄악 때문이라
그가 징계를 받으므로 우리는 평화를
누리고 그가 채찍에 맞으므로 우리는
나음을 받았도다 사 53:5

/ 설교 영상 /

십자가가 아니면 우리의 죄악으로부터
벗어날 길이 없음을 인정합니다.

27
구 월

인내를 온전히 이루라 이는 너희로 온전하고 구비하여 조금도 부족함이 없게 하려 함이라 약 1:4

/ 설교 영상 /

"언제까지 인내해야 하나요?" 묻는 사람이 있습니다.
인내는 끝까지입니다. 거의 인내한 것은 인내가 아닙니다.

03 사월

그가 시험을 받아 고난을
당하셨은즉 시험 받는 자들을
능히 도우실 수 있느니라

히 2:18

/ 설교 영상 /

능히 도우실 수 있는 분을 의지하는 것이 지혜입니다.

26
구 월

내 형제들아 너희가 여러 가지 시험을
당하거든 온전히 기쁘게 여기라
이는 너희 믿음의 시련이 인내를 만들어
내는 줄 너희가 앎이라

약 1:2-3

시험을 대하는 태도에 따라 미래가 달라집니다.
시험을 기쁘게 받아들이십시오.

/ 설교 영상 /

04
사 월

내가 그리스도와 함께 십자가에 못 박혔나니
그런즉 이제는 내가 사는 것이 아니요 오직
내 안에 그리스도께서 사시는 것이라
이제 내가 육체 가운데 사는 것은 나를 사랑하사
나를 위하여 자기 자신을 버리신 하나님의 아들을
믿는 믿음 안에서 사는 것이라 갈 2:20

/ 설교 영상 /

내가 죽어야 그리스도가 사십니다.
내가 살면 그리스도는 또 죽으셔야 합니다.

25
구 월

믿음으로 모든 세계가 하나님의 말씀으로 지어진 줄을 우리가 아나니 보이는 것은 나타난 것으로 말미암아 된 것이 아니니라 히 11:3

/ 설교 영상 /

믿음은 영의 눈을 뜨게 합니다.
보이는 것과 보이지 않는 세계를 구별할 때 삶의 격이 달라집니다.

05
사 월

그때에 이스라엘에 왕이 없으므로 사람이 각기 자기의 소견에 옳은 대로 행하였더라 삿 21:25

/ 설교 영상 /

자아의 왕국을 섬기는 것은 하나님을 철저히 배제한 삶입니다.
왕 중 왕은 하나님이십니다.

24
구 월

그러므로 형제들아
우리가 예수의 피를 힘입어
성소에 들어갈 담력을 얻었나니

히 10:19

나의 행위가 아니라 예수의 피를 의지할 때
하나님과의 관계가 풍성해집니다.

/ 설교 영상 /

06
사 월

주께서는 못 하실 일이 없사오며 무슨 계획이든지 못 이루실 것이 없는 줄 아오니 욥 42:2

/ 설교 영상 /

모든 것은 내 뜻이 아니라
하나님 뜻대로 돌아가고 있음을 인정해야 합니다.

23
구 월

그리로 앞서 가신 예수께서 멜기세덱의 반차를 따라 영원히 대제사장이 되어 우리를 위하여 들어가셨느니라 히 6:20

/ 설교 영상 /

우리의 실수에도 불구하고 실패할 수 없는 인생이 되는 이유는
그리스도가 완전한 중보자이시기 때문입니다.

07
사 월

금 곧 많은 순금보다
더 사모할 것이며
꿀과 송이꿀보다 더 달도다

시 19:10

/ 설교 영상 /

말씀의 맛을 본 사람만 그 진미를 압니다.

22
구 월

우리가 이 소망을 가지고 있는 것은
영혼의 닻 같아서 튼튼하고
견고하여 휘장 안에 들어가나니

히 6:19

/ 설교 영상 /

막연히 바라는 희망은 곧 고문으로 바뀔 수 있습니다.
하나님에게서 온 소망은 갈수록 확실해집니다.

08
사 월

주의 말씀의 맛이
내게 어찌 그리 단지요
내 입에 꿀보다 더 다니이다

시 119:103

말씀을 찾는 사람이 계속 찾는 이유는
그 위력을 알기 때문입니다.

/ 설교 영상 /

21
구 월

너는 말씀을 전파하라
때를 얻든지 못 얻든지 항상 힘쓰라
범사에 오래 참음과 가르침으로
경책하며 경계하며 권하라

딤후 4:2

말씀 안에 생명의 씨가 들어 있습니다.
소문이나 루머를 퍼뜨리지 말고 말씀 전파자로 살아야
생명의 역사를 일으킬 수 있습니다.

/ 설교 영상 /

09
사 월

눈물을 흘리며 씨를 뿌리는 자는
기쁨으로 거두리로다 울며 씨를 뿌리러
나가는 자는 반드시 기쁨으로
그 곡식 단을 가지고 돌아오리로다

시 126:5-6

멋진 미래는 단순히 기대만으로 이루어지지 않습니다.
기쁨으로 열매를 거두려면 눈물로 씨를 뿌리는
현재가 있어야 합니다.

/ 설교 영상 /

20
구 월

그러므로 너는 내가 우리 주를 증언함과
또는 주를 위하여 갇힌 자 된 나를
부끄러워하지 말고 오직 하나님의
능력을 따라 복음과 함께 고난을 받으라

딤후 1:8

/ 설교 영상 /

복음을 위해 고난을 받는 삶은 영광스러운 것입니다.

10
사 월

게으른 자여 네가 어느 때까지
누워 있겠느냐 네가 어느 때에
잠이 깨어 일어나겠느냐

잠 6:9

／ 설교 영상 ／

그리스도인의 삶은 성실함이 기본이어야 합니다.
게으름은 악한 것입니다.

19
구 월

그러므로 내가 첫째로 권하노니
모든 사람을 위하여 간구와 기도와
도고와 감사를 하되

딤전 2:1

/ 설교 영상 /

그리스도인의 기도의 범위는 광대합니다.
온 세상을 품고 기도하는 월드 크리스천이 될 수 있습니다.

11
사 월

사람이 마음으로 자기의 길을
계획할지라도 그의 걸음을
인도하시는 이는 여호와시니라

잠 16:9

/ 설교 영상 /

우리 계획보다 하나님의 인도하심이 우선입니다.

18
구 월

범사에 우리 주 예수 그리스도의
이름으로 항상 아버지 하나님께
감사하며 그리스도를 경외함으로
피차 **복종하라** 엡 5:20-21

/ 설교 영상 /

상호 존중의 원리를 붙들고 살면
인간관계에 새로운 지평이 열립니다.

12
사 월

사람의 마음에는 많은 계획이 있어도 오직 여호와의 뜻만이 완전히 서리라 잠 19:21

/ 설교 영상 /

하나님의 뜻을 무시한 일방적인 나의 뜻은 무너집니다.
하나님의 뜻을 여쭙고 여쭤야 합니다.

17 구월

사람이 감당할 시험 밖에는 너희가 당한 것이 없나니 오직 하나님은 미쁘사 너희가 감당하지 못할 시험 당함을 허락하지 아니하시고 시험 당할 즈음에 또한 피할 길을 내사 너희로 능히 감당하게 하시느니라

고전 10:13

/ 설교 영상 /

시험을 두려워할 필요가 없습니다.
하나님과 함께하면 넉넉히 피하고 이길 수 있습니다.

13 사월

주 여호와께서 학자들의 혀를 내게 주사
나로 곤고한 자를 말로 어떻게 도와줄 줄을
알게 하시고 아침마다 깨우치시되
나의 귀를 깨우치사 학자들같이 알아듣게
하시도다 사 50:4

/ 설교 영상 /

학자의 혀와 귀를 가지고 살다 보면
어느 순간 다른 사람을 이끄는 리더가 됩니다.

16
구 월

십자가의 도가 멸망하는 자들에게는 미련한 것이요 구원을 받는 우리에게는 하나님의 능력이라 고전 1:18

/ 설교 영상 /

십자가를 어떻게 바라보느냐에 따라 삶의 길이
확연히 달라지게 됩니다. 십자가는 신앙의 기준입니다.

14
사 월

너희가 온 마음으로 나를 구하면

나를 찾을 것이요

나를 만나리라 렘 29:13

/ 설교 영상 /

하나님은 당신을 찾는 자를 외면하시지 않습니다.

15
구 월

또한 너희 지체를 불의의 무기로 죄에게 내주지 말고 오직 너희 자신을 죽은 자 가운데서 다시 살아난 자같이 하나님께 드리며 너희 지체를 의의 무기로 하나님께 드리라 롬 6:13

/ 설교 영상 /

한 번뿐인 인생, 나의 몸을 어디에 바칠 것인가를 선택하고 살아야 합니다.

15
사 월

화평하게 하는 자는 복이 있나니 그들이 하나님의 아들이라 일컬음을 받을 것임이요 의를 위하여 박해를 받은 자는 복이 있나니 천국이 그들의 것임이라 마 5:9-10

분열의 세상에서 화해자로 사는 일은
선택이 아니라 필수입니다.

/ 설교 영상 /

14
구 월

다만 이뿐 아니라 우리가 환난 중에도 즐거워하나니 이는 환난은 인내를, 인내는 연단을, 연단은 소망을 이루는 줄 앎이로다 롬 5:3-4

/ 설교 영상 /

"환난 중에도 즐거워 하나니"는 세상에서 볼 수 없는 독특한 삶입니다. 불가능한 일이 아니라 가능한 일입니다.

16
사 월

내가 진실로 너희에게 이르노니 누구든지 이 산더러 들리어 바다에 던져지라 하며 그 말하는 것이 이루어질 줄 믿고 마음에 의심하지 아니하면 그대로 되리라 막 11:23

／ 설교 영상 ／

어떤 언어를 사용하는지 보면 믿음의 세계가 보입니다.
말한 대로 이루어집니다.

13
구 월

다른 이로써는 구원을 받을 수 없나니
천하 사람 중에 구원을 받을 만한
다른 이름을 우리에게 주신 일이
없음이라 하였더라 행 4:12

/ 설교 영상 /

오직 예수로만 구원받을 수 있음은 독선이 아니라
하나님의 호의요 선물입니다.

17
사 월

우리가 살아도 주를 위하여 살고
죽어도 주를 위하여 죽나니
그러므로 사나 죽으나
우리가 주의 것이로다 롬 14:8

/ 설교 영상 /

존재의 이유를 알면 삶의 역동이 일어납니다.

12
구 월

내가 아버지께 구하겠으니
그가 또 다른 보혜사를 너희에게 주사
영원토록 너희와
함께 있게 하리니

요 14:16

/ 설교 영상 /

하나님이 주신 최고의 선물은 보혜사입니다.
성령님의 인도를 매일 받으며 살면 최상입니다.

18
사 월

오직 성령의 열매는 사랑과 희락과
화평과 오래 참음과 자비와 양선과
충성과 온유와 절제니 이 같은 것을
금지할 법이 없느니라 갈 5:22-23

／설교 영상／

아홉 가지 성품의 열매는
성령님의 도우심으로만 맺을 수 있습니다.

11
구 월

예수께서 이르시되
나는 생명의 떡이니 내게 오는 자는
결코 주리지 아니할 터이요
나를 믿는 자는 영원히 목마르지
아니하리라 요 6:35

/ 설교 영상 /

사람들이 많은 것을 가지고도 늘 껄떡이는 이유는
참된 떡을 먹지 않았기 때문입니다.

19
사 월

너희는 사도들과 선지자들의 터 위에 세우심을 입은 자라 그리스도 예수께서 친히 모퉁잇돌이 되셨느니라 엡 2:20

/ 설교 영상 /

교회가 사도들과 선지자들의 말씀의 터 위에 세워져 있으면 세상이 흔들 수 없습니다.

10
구 월

너는 내게 부르짖으라
내가 네게 응답하겠고
네가 알지 못하는 크고 은밀한 일을
네게 보이리라 렘 33:3

/ 설교 영상 /

기도하는 사람은 하늘의 비밀을 알고 있습니다.
하나님은 부르짖는 자에게 응답하십니다.

20
사 월

오직 강하고 극히 담대하여
나의 종 모세가 네게 명령한
그 율법을 다 지켜 행하고
우로나 좌로나 치우치지 말라
그리하면 어디로 가든지 형통하리니

수 1:7

좌로나 우로나 치우치지 않는 삶을 살려면
말씀의 기준을 확고히 붙들어야 합니다.

/ 설교 영상 /

09
구 월

여호와의 말씀이니라
이스라엘 족속아 이 토기장이가 하는 것같이
내가 능히 너희에게 행하지 못하겠느냐
이스라엘 족속아 진흙이 토기장이의 손에
있음같이 너희가 내 손에 있느니라

렘 18:6

하나님은 위대한 장인(匠人)이십니다.
그분에게 나를 온전히 맡기며 살아가는 삶이
지혜로운 선택입니다.

/ 설교 영상 /

21
사 월

그러면 무엇이냐 겉치레로 하나 참으로 하나 무슨 방도로 하든지 전파되는 것은 그리스도니 이로써 나는 기뻐하고 또한 기뻐하리라 빌 1:18

/ 설교 영상 /

모든 것을 그리스도에게 초점 맞추고 살면
기쁨을 빼앗기지 않습니다.

08
구 월

너는 내일 일을 자랑하지 말라
하루 동안에 무슨 일이 일어날는지
네가 알 수 없음이니라

잠 27:1

/ 설교 영상 /

내일은 우리의 것이 아닙니다.
오늘만이 나에게 주어진 최상의 기회입니다.

22 사월

그런즉 심는 이나 물 주는 이는 아무것도 아니로되 오직 자라게 하시는 이는 하나님뿐이니라 고전 3:7

/ 설교 영상 /

생명이 자라는 것은 신비입니다.
하나님이 하시는 일을 우리가 대신할 수 없습니다.
하나님의 일을 하나님께 맡기는 것이 사역입니다.

07
구 월

> 모든 지킬 만한 것 중에
> 더욱 네 마음을 지키라
> 생명의 근원이 이에서 남이니라
>
> 잠 4:23

/ 설교 영상 /

시간 관리, 재정 관리, 스펙 관리를 아무리 해도
마음을 지키지 않으면 소용이 없습니다. 마음 관리가 핵심입니다.

23
사 월

돈을 사랑함이 일만 악의 뿌리가 되나니 이것을 탐내는 자들은 미혹을 받아 믿음에서 떠나 많은 근심으로써 자기를 찔렀도다 딤전 6:10

/ 설교 영상 /

믿음을 잃는 것은 한순간입니다.
거의 대부분은 돈 때문입니다.

06
구 월

여호와여
내 입에 파수꾼을 세우시고
내 입술의 문을
지키소서 시 141:3

/ 설교 영상 /

말로 우리 주변을 어지럽게 하는 사람은
그 입에 파수꾼이 없기 때문입니다.

24
사 월

너는 진리의 말씀을 옳게 분별하며 부끄러울 것이 없는 일꾼으로 인정된 자로 자신을 하나님 앞에 드리기를 힘쓰라 딤후 2:15

/ 설교 영상 /

좋은 일꾼은 다짐으로 되는 것이 아닙니다.
진리의 말씀으로 무장할 때 가능합니다.

05
구 월

내가 하늘에 올라갈지라도
거기 계시며
스올에 내 자리를 펼지라도
거기 계시니이다 시 139:8

/ 설교 영상 /

사는 날 동안 하나님의 임재를 피하며 살 수 있다는
생각 자체를 버려야 합니다.

25
사 월

또한 너는 청년의 정욕을 피하고 주를 깨끗한 마음으로 부르는 자들과 함께 의와 믿음과 사랑과 화평을 따르라 딤후 2:22

/ 설교 영상 /

청년의 정욕은 일평생 따라다니는 유혹입니다.
늘 경건을 좇는 삶을 살아야 합니다.

04
구 월

부와 귀가 주께로 말미암고
또 주는 만물의 주재가 되사
손에 권세와 능력이 있사오니
모든 사람을 크게 하심과 강하게 하심이
주의 손에 있나이다 대상 29:12

내가 끌어모으는 것과 하나님이 부어 주셔서 누리는 것은
전혀 다른 세계입니다.

／ 설교 영상 ／

26 / 사 월

경건의 모양은 있으나
경건의 능력은 부인하니
이같은 자들에게서 네가
돌아서라 딤후 3:5

/ 설교 영상 /

껍데기 신앙으로는 세상을 이길 수 없습니다.

03
구 월

네가 네 하나님 여호와의 말씀을 삼가 듣고
내가 오늘 네게 명령하는 그의 모든 명령을
지켜 행하면 네 하나님 여호와께서
너를 세계 모든 민족 위에 뛰어나게
하실 것이라 신 28:1

/ 설교 영상 /

말씀이 이끄는 대로 따라가면
세상을 깜짝 놀라게 하는 일이 일어나게 됩니다.

27
사 월

그러므로 야곱이 그곳 이름을 브니엘이라 하였으니 그가 이르기를 내가 하나님과 대면하여 보았으나 내 생명이 보전되었다 함이더라 창 32:30

/ 설교 영상 /

하나님과의 대면이 인생의 최대 분깃점이 됩니다.

02
구 월

내가 너와 함께 있어
네가 어디로 가든지 너를 지키며
너를 이끌어 이 땅으로 돌아오게 할지라
내가 네게 허락한 것을 다 이루기까지
너를 떠나지 아니하리라 하신지라

창 28:15

하나님과 동행하는 사람은 걱정할 일이 없습니다.
최고의 축복은 동행입니다.

/ 설교 영상 /

28
사 월

그러므로 우리는 긍휼하심을 받고 때를 따라 돕는 은혜를 얻기 위하여 은혜의 보좌 앞에 담대히 나아갈 것이니라 히 4:16

은혜가 필요할 때마다 하나님께 나아가면 됩니다.

/ 설교 영상 /

01
구 월

너를 축복하는 자에게는 내가
복을 내리고 너를 저주하는 자에게는
내가 저주하리니 땅의 모든 족속이
너로 말미암아 복을 얻을 것이라
하신지라 창 12:3

세상 사람으로부터 축복 받는 삶을 사십시오.
이것이 신자의 사명입니다.

/ 설교 영상 /

29
사 월

그러므로 너희가 더욱 힘써 너희 믿음에 덕을, 덕에 지식을, 지식에 절제를, 절제에 인내를, 인내에 경건을, 경건에 형제 우애를, 형제 우애에 사랑을 더하라 벧후 1:5-7

/ 설교 영상 /

믿음은 집을 짓는 것과 같습니다.
가장 높은 펜트하우스에는 사랑이 있습니다.

9

September

보호하심

주의 지팡이와 막대기가 나를 안위하시나이다

30
사 월

이 예언의 말씀을 읽는 자와 듣는 자와 그 가운데에 기록한 것을 지키는 자는 복이 있나니 때가 가까움이라 계 1:3

/ 설교 영상 /

읽고 듣고 기록하고 지키는 것이 복의 길입니다.

31
팔 월

그는 진리의 영이라 세상은 능히 그를 받지 못하나니 이는 그를 보지도 못하고 알지도 못함이라 그러나 너희는 그를 아나니 그는 너희와 **함께 거하심이요** 또 **너희 속에 계시겠음이라**

요 14:17

/ 설교 영상 /

믿음의 길은 진리의 영이 이끌어 주지 않으면 갈 수 없는 길입니다.
우리 안에 계신 진리의 영과 은밀한 교제를 갈망하십시오.

5

May

회복

내 영혼을 소생시키시고

30
팔 월

오히려 너희가 그리스도의 고난에 참여하는 것으로 즐거워하라 이는 그의 영광을 나타내실 때에 너희로 즐거워하고 기뻐하게 하려 함이라

벧전 4:13

/ 설교 영상 /

고난을 즐거워하는 것은 세상이 이해할 수 없는 영역입니다.
십자가를 경험한 그리스도인들만 아는 신비입니다.

01
오 월

나의 힘이신 여호와여
내가 주를 사랑하나이다

시 18:1

/ 설교 영상 /

마음 가득한 고백은 하나님을 기쁘시게 할 뿐 아니라
나를 살립니다.

29
팔 월

시험을 참는 자는 복이 있나니 이는 시련을 견디어 낸 자가 주께서 자기를 사랑하는 자들에게 약속하신 생명의 면류관을 얻을 것이기 때문이라 약 1:12

/ 설교 영상 /

믿음의 순례 길에서 마주치는 시험들은 혹독할 때가 있습니다.
다른 길은 없습니다. 인내뿐입니다.

02
오 월

여호와의 **율법**은 완전하여 영혼을 소성시키며 여호와의 **증거**는 확실하여 우둔한 자를 지혜롭게 하며 여호와의 **교훈**은 정직하여 마음을 기쁘게 하고 여호와의 **계명**은 순결하여 눈을 밝게 하시도다 시 19:7-8

/ 설교 영상 /

불확실한 세상에서 말씀의 길로 가는 것만큼 확실한 것은 없습니다.

28
팔 월

너는 그리스도 예수의 좋은 병사로 나와 함께 고난을 받으라 딤후 2:3

/ 설교 영상 /

고난은 참된 그리스도인의 표지(標識)입니다.
그리스도를 위해 당하는 고난은 이상한 일이 아닙니다.

03
오 월

환난 날에 나를 부르라
내가 너를 건지리니 네가 나를
영화롭게 하리로다 시 50:15

/ 설교 영상 /

어려움을 당할 때 엉뚱한 곳을 찾아다니지 마십시오.

27 팔월

무슨 일을 하든지 마음을 다하여 주께 하듯 하고 사람에게 하듯 하지 말라 골 3:23

/ 설교 영상 /

일상의 예배자는 작은 일 속에서도 경외심을 유지하며
최선을 다하고자 합니다.

04
오 월

하나님께서 구하시는 제사는
상한 심령이라 하나님이여
상하고 통회하는 마음을 주께서
멸시하지 아니하시리이다 시 51:17

참된 예배는 의식적인 것보다
가난한 마음으로 나아가는 것입니다.

／ 설교 영상 ／

26
팔 월

위의 것을 생각하고 땅의 것을 생각하지 말라

골 3:2

/ 설교 영상 /

무엇을 생각하느냐에 따라 삶의 가치가 결정됩니다.

05
오 월

네 자녀에게 부지런히 가르치며
집에 앉았을 때에든지 길을 갈 때에든지
누워 있을 때에든지 일어날 때에든지
이 말씀을 강론할 것이며 신 6:7

/ 설교 영상 /

하나님은 하루 24시간, 주 7일, 모든 공간과 시간 속에서
말씀을 가르치라고 부모에게 명령하십니다.

25
팔 월

내가 이미 얻었다 함도 아니요
온전히 이루었다 함도 아니라
오직 내가 그리스도 예수께 잡힌 바 된
그것을 잡으려고 달려가노라 빌 3:12

/ 설교 영상 /

섣부른 만족은 영적 나태를 가져옵니다.
영적 성숙은 일평생의 과제이고 목표입니다.

06
오 월

너는 또 그것을
네 손목에 매어 기호를 삼으며
네 미간에 붙여 표로 삼고

신 6:8

/ 설교 영상 /

말씀은 생활 속에서 잊히기 쉽습니다.
눈에 띄는 곳에 성경책을 두십시오.

24
팔 월

그에게서 온 몸이 각 마디를 통하여 도움을 받음으로 연결되고 결합되어 각 지체의 분량대로 역사하여 그 몸을 자라게 하며 사랑 안에서 스스로 세우느니라 엡 4:16

/ 설교 영상 /

교회는 세상 어디에서도 볼 수 없는 유기체적 공동체입니다.
사랑의 힘으로 서로 연결되어 계속 자라갈 때
천국을 경험할 수 있습니다.

07
오 월

또 네 집 문설주와 바깥 문에 기록할지니라

신 6:9

/ 설교 영상 /

가정에서 말씀을 가까이 접하지 않으면
말씀을 접할 기회는 점점 없어집니다.

23
팔 월

너희는 유대인이나 헬라인이나
종이나 자유인이나 남자나 여자나
다 그리스도 예수 안에서
하나이니라 갈 3:28

/ 설교 영상 /

차별로 인한 소외와 분열의 세상에서
오직 그리스도만이 하나 되게 하십니다.

08
오 월

너를 낳은 아비에게 청종하고
네 늙은 어미를 경히 여기지
말지니라 잠 23:22

/ 설교 영상 /

존중히 여겨야 할 대상을 존중하는 것은 기본 중 기본입니다.

22
팔 월

그런즉 누구든지 그리스도 안에
있으면 새로운 피조물이라
이전 것은 지나갔으니 보라
새 것이 되었도다 고후 5:17

/ 설교 영상 /

그리스도를 온전히 만나면,
그 이전과 이후는 전혀 다른 세상입니다.

09
오 월

나를 사랑하고
내 계명을 지키는 자에게는
천 대까지 은혜를 베푸느니라
출 20:6

/ 설교 영상 /

하나님의 자비와 긍휼은 무궁합니다.

21
팔 월

그리고 맡은 자들에게 구할 것은 충성이니라 고전 4:2

/ 설교 영상 /

충성이라는 단어가 홀대를 받는 시대입니다.
충성은 성경에서 빛나는 단어입니다.

10
오 월

우리를 구원하시되 우리가 행한 바 의로운 행위로 말미암지 아니하고 오직 그의 긍휼하심을 따라 중생의 씻음과 성령의 새롭게 하심으로 하셨나니

딛 3:5

/ 설교 영상 /

구원은 우리에 의해 주어진 것이 아니라
오직 하나님의 긍휼히 여기심을 따라 이루어진 것입니다.

20
팔 월

하나님을 따라 의와 진리의 거룩함으로 지으심을 받은 새 사람을 입으라 엡 4:24

/ 설교 영상 /

우리를 새롭게 하는 것은 외적 조건들이 아닙니다.

11
오 월

내가 또 내 영을 너희 속에 두어 너희가 살아나게 하고 내가 또 너희를 너희 고국 땅에 두리니 나 여호와가 이 일을 말하고 이룬 줄을 너희가 알리라 여호와의 말씀이니라 겔 37:14

/ 설교 영상 /

하나님의 영이 우리 안에 임하실 때 회복이 일어납니다.

19
팔 월

복음에는 하나님의 의가 나타나서
믿음으로 믿음에 이르게 하나니
기록된 바 오직 의인은 믿음으로 말미암아
살리라 함과 같으니라 롬 1:17

/ 설교 영상 /

구원을 위해 인간이 덧붙일 것은 하나도 없습니다.
오직 믿음으로만 가능합니다.

12
오 월

오라 우리가 여호와께로 돌아가자
여호와께서 우리를 찢으셨으나
도로 낫게 하실 것이요 우리를 치셨으나
싸매어 주실 것임이라 호 6:1

/ 설교 영상 /

하나님께로 돌아가면 낫게 하시고 싸매어 주십니다.

18
팔 월

누구든지 주의 이름을 부르는 자는 구원을 받으리라 하였느니라

행 2:21

구원의 길은 아주 가까이 있습니다.

/ 설교 영상 /

13
오 월

그러므로 우리가 여호와를 알자 힘써 여호와를 알자 그의 나타나심은 새벽 빛같이 어김없나니 비와 같이, 땅을 적시는 늦은 비와 같이 우리에게 임하시리라 하니라 호 6:3

/ 설교 영상 /

하나님을 알아 가는 것이 신앙의 핵심입니다.

17
팔 월

오직 성령이 너희에게 임하시면 너희가 권능을 받고 예루살렘과 온 유대와 사마리아와 땅 끝까지 이르러 내 증인이 되리라 하시니라

행 1:8

/ 설교 영상 /

전도하는 일이 부끄럽다면 문제가 있습니다.
신앙의 참맛은 예수의 증인으로 살 때 맛볼 수 있습니다.

14
오 월

너희는 옷을 찢지 말고 마음을 찢고 너희 하나님 여호와께로 돌아올지어다 그는 은혜로우시며 자비로우시며 노하기를 더디하시며 인애가 크시사 뜻을 돌이켜 재앙을 내리지 아니하시나니 욜 2:13

/ 설교 영상 /

돌이키면 하나님이 살려 주십니다.

16
팔월

하나님은 영이시니 예배하는 자가 영과 진리로 예배할지니라 요 4:24

／설교 영상／

하나님은 영과 진리가 균형 잡힌 참된 예배자를 찾고 계십니다.

15
오 월

그가 아버지의 마음을 자녀에게로 돌이키게 하고 자녀들의 마음을 그들의 아버지에게로 돌이키게 하리라 돌이키지 아니하면 두렵건대 내가 와서 저주로 그 땅을 칠까 하노라 하시니라

말 4:6

/ 설교 영상 /

영적 회복은 떠났던 마음을 다시 돌이킬 때 시작됩니다.

15
팔 월

그리스도께서 우리를
자유롭게 하려고 자유를 주셨으니
그러므로 굳건하게 서서 다시는
종의 멍에를 메지 말라 갈 5:1

/ 설교 영상 /

다시 종의 멍에를 메야 할 이유가 없습니다.
그리스도께서 주신 최고의 선물은 자유입니다.
우리의 자유를 위해 치르신 대가를 생각하면 놀랍습니다.

16
오 월

보라 처녀가 잉태하여 아들을 낳을 것이요 그의 이름은 임마누엘이라 하리라 하셨으니 이를 번역한즉 하나님이 우리와 함께 계시다 함이라 마 1:23

/ 설교 영상 /

인류에게 최고의 복음은
그리스도가 세상에 오셨다는 소식입니다.

14
팔 월

예수께서 대답하여 이르시되
기록되었으되 사람이 떡으로만 살 것이
아니요 하나님의 입으로부터 나오는 모든
말씀으로 살 것이라 하였느니라
하시니 마 4:4

/ 설교 영상 /

먹고사는 일보다 말씀을 더 소중히 여기면
전혀 다른 차원의 삶이 펼쳐집니다.

17
오 월

심령이 가난한 자는 복이 있나니 천국이 그들의 것임이요 애통하는 자는 복이 있나니 그들이 위로를 받을 것임이요 온유한 자는 복이 있나니 그들이 땅을 기업으로 받을 것임이요 마 5:3-5

/ 설교 영상 /

하나님이 어떤 사람들에게 참된 복을 내려 주시는지 확인할 필요가 있습니다.

13
팔 월

내 이름을 경외하는 너희에게는 공의로운 해가 떠올라서 치료하는 광선을 비추리니 너희가 나가서 외양간에서 나온 송아지같이 뛰리라

말 4:2

하나님을 경외하는 자에게 주시는 은혜는
넘치는 활력입니다.

/ 설교 영상 /

18
오 월

의에 주리고 목마른 자는 복이 있나니
그들이 배부를 것임이요 긍휼히 여기는 자는
복이 있나니 그들이 긍휼히 여김을 받을 것임이요
마음이 청결한 자는 복이 있나니 그들이
하나님을 볼 것임이요 마 5:6-8

천국 백성이 누리는 복은 세상의 복과 전혀 다른 것입니다.

/ 설교 영상 /

12
팔 월

이 백성은 내가 나를 위하여 지었나니 나를 찬송하게 하려 함이니라 사 43:21

/ 설교 영상 /

삶의 목적을 온전히 이해하고 사는 인생은 멋집니다.

19
오 월

내가 의인을 부르러 온 것이 아니요
죄인을 불러
회개시키러 왔노라

눅 5:32

/ 설교 영상 /

복음은 잘난 사람들에게 필요한 것이 아닙니다.
죄인들에게 필요합니다.

11
팔 월

오직 여호와를 앙망하는 자는 새 힘을 얻으리니 독수리가 날개치며 올라감 같을 것이요 달음박질하여도 곤비하지 아니하겠고 걸어가도 피곤하지 아니하리로다 사 40:31

/ 설교 영상 /

삶의 에너지는 한계가 있습니다. 계속 방출을 하면 소진됩니다.
새 힘을 얻는 비결을 터득해야 합니다.

20
오 월

그러므로 이제

그리스도 예수 안에 있는 자에게는

결코 정죄함이 없나니 롬 8:1

/ 설교 영상 /

위 말씀은 그리스도인의 자유 대헌장입니다.
더 이상 정죄함에 빠져 살면 안 됩니다.

10
팔 월

형통한 날에는 기뻐하고 곤고한 날에는 되돌아보아라 이 두 가지를 하나님이 병행하게 하사 사람이 그의 장래 일을 능히 헤아려 알지 못하게 하셨느니라 전 7:14

/ 설교 영상 /

하나님은 높아질 때와 낮아질 때, 형통할 때와 곤고할 때의 희비 곡선을 통해 우리를 성숙으로 이끄십니다.

21
오 월

밤이 깊고 낮이 가까웠으니
그러므로 우리가 어둠의 일을 벗고
빛의 갑옷을 입자

롬 13:12

/ 설교 영상 /

죄악의 밤이 깊어 가고, 모든 것이 극명하게 드러나고 있는 이때,
나는 어디에 속해 있습니까?

09
팔 월

한 사람이면 패하겠거니와
두 사람이면 맞설 수 있나니
세 겹 줄은 쉽게 끊어지지
아니하느니라 전 4:12

/ 설교 영상 /

마귀는 늘 나뉘게 하고, 하나님은 늘 연합하게 하십니다.

22
오 월

곧 창세전에 그리스도 안에서 우리를 택하사 우리로 사랑 안에서 그 앞에 거룩하고 흠이 없게 하시려고 엡 1:4

/ 설교 영상 /

구원 사건은 우발적인 것이 아닙니다.
창세전부터 택하심으로 일어난 일입니다.

08
팔월

노하기를 더디 하는 자는
크게 명철하여도
마음이 조급한 자는 어리석음을
나타내느니라 잠 14:29

/ 설교 영상 /

분노가 조절되지 않으면 잦은 실수로 부끄러움을 당하게 됩니다.
분노의 에너지를 선한 일을 위해 사용하면 풍성한 삶이 기다립니다.

23
오 월

이와 같이 성령도 우리의 연약함을 도우시나니 우리는 마땅히 기도할 바를 알지 못하나 오직 성령이 말할 수 없는 탄식으로 우리를 위하여 친히 간구하시느니라 롬 8:26

/ 설교 영상 /

기도의 한계를 메우려면 성령님의 도움을 받아야 합니다.
성령님은 기도의 영이십니다.

07
팔 월

여호와께서 집을 세우지 아니하시면 세우는 자의 수고가 헛되며 여호와께서 성을 지키지 아니하시면 파수꾼의 깨어 있음이 헛되도다 시 127:1

/ 설교 영상 /

인간의 노력으로 세운 집은 모래성처럼 무너지나,
하나님이 세우신 집은 견고합니다.

24
오 월

또한 모든 것을 해로 여김은 내 주 그리스도 예수를 아는 지식이 가장 고상하기 때문이라 내가 그를 위하여 모든 것을 잃어버리고 배설물로 여김은 그리스도를 얻고 빌 3:8

그리스도를 얻으면 모든 것을 얻은 것입니다.

／ 설교 영상 ／

06
팔 월

해 돋는 데에서부터
해 지는 데에까지
여호와의 이름이 찬양을
받으시리로다 시 113:3

/ 설교 영상 /

아침부터 저녁까지 하나님을 찬양하는 삶을 산다면
최고의 삶입니다.

25
오 월

우리는 다 양 같아서 그릇 행하여 각기 제 길로 갔거늘 여호와께서는 우리 모두의 죄악을 그에게 담당시키셨도다 사 53:6

/ 설교 영상 /

내가 가고 싶은 길을 가는 것이 죄의 원초적인 모습입니다.

05
팔월

사람이 무엇이기에 주께서 그를 생각하시며 인자가 무엇이기에 주께서 그를 돌보시나이까

시 8:4

/ 설교 영상 /

나보다 나를 더 잘 아시는 하나님의 손에 의해
내가 돌봄을 받고 있습니다.

26
오 월

나는 너희의 하나님이 되려고
너희를 애굽 땅에서 인도하여 낸
여호와라 내가 거룩하니
너희도 거룩할지어다 레 11:45

하나님은 거룩을 위해 생명을 거십니다.
거룩을 놓치면 모든 것을 잃습니다.

/ 설교 영상 /

04
팔월

그는 시냇가에 심은 나무가
철을 따라 열매를 맺으며
그 잎사귀가 마르지 아니함 같으니
그가 하는 모든 일이 다 형통하리로다

시 1:3

／ 설교 영상 ／

상황에 따라 흔들리지 않는 삶의 비결은
말씀에 깊이 뿌리내리는 것입니다.

27
오 월

화평하게 하는 자들은
화평으로 심어
의의 열매를 거두느니라

약 3:18

/ 설교 영상 /

무엇을 심고 거둘 것인가를 생각하며 살아야 합니다.

03
팔월

오직 여호와의 율법을 즐거워하여
그의 율법을 주야로 묵상하는도다

시 1:2

/ 설교 영상 /

가끔 필요할 때만이 아니라
주야로 말씀을 묵상하는 삶이 복됩니다.

28
오 월

그러나 더욱 큰 은혜를 주시나니
그러므로 일렀으되 하나님이 교만한 자를
물리치시고 겸손한 자에게
은혜를 주신다 하였느니라 약 4:6

/ 설교 영상 /

교만하면 벼랑 끝에서 떨어지고,
겸손하면 벼랑 끝에서 날아오릅니다.

02
팔월

이 율법책을 네 입에서 떠나지 말게 하며 주야로 그것을 묵상하여 그 안에 기록된 대로 다 지켜 행하라 그리하면 네 길이 평탄하게 될 것이며 네가 형통하리라 수 1:8

/ 설교 영상 /

묵상의 삶이 형통의 삶과 직결되는 것은 당연한 일입니다.

29
오 월

보라 인내하는 자를 우리가 복되다 하나니 너희가 욥의 인내를 들었고 주께서 주신 결말을 보았거니와 주는 가장 자비하시고 긍휼히 여기시는 이시니라 약 5:11

/ 설교 영상 /

인내하면 주님이 매듭지으시는 아름다운 결말을 보게 됩니다.

01
팔 월

> 하나님이 자기 형상 곧 하나님의 형상대로 사람을 창조하시되 남자와 여자를 창조하시고 창 1:27

/ 설교 영상 /

하나님의 형상대로 지어진 인간을 존귀하게 대하십시오.
이것은 하나님에 대한 태도와도 연결됩니다.

30
오 월

너희도 산 돌같이 신령한 집으로 세워지고 예수 그리스도로 말미암아 하나님이 기쁘게 받으실 신령한 제사를 드릴 거룩한 제사장이 될지니라 벧전 2:5

/ 설교 영상 /

새롭게 주어진 신분의식이 삶을 바꿉니다.

8

August

함께하심

주께서 나와 함께하심이라

06
삼 월

골짜기마다 돋우어지며 산마다,
언덕마다 낮아지며 고르지 아니한 곳이
평탄하게 되며 험한 곳이 평지가
될 것이요 사 40:4

/ 설교 영상 /

우리 삶의 골짜기들과 고르지 않은 것들이 다듬어져 갈 때
그리스도를 깊이 만날 수 있습니다.

24
시월

이와 같이 그리스도도 많은 사람의 죄를 담당하시려고 단번에 드리신 바 되셨고 구원에 이르게 하기 위하여 죄와 상관 없이 자기를 바라는 자들에게 두 번째 나타나시리라 히 9:28

/ 설교 영상 /

우리가 구원을 얻기 위해 해야 할 일은 없습니다.
그리스도가 죽으심으로 완전한 속죄물이 되셨기 때문입니다.

07
삼 월

그가 내게 대답하여 이르되 여호와께서
스룹바벨에게 하신 말씀이 이러하니라
만군의 여호와께서 말씀하시되 이는
힘으로 되지 아니하며 능력으로 되지 아니하고
오직 나의 영으로 되느니라 슥 4:6

/ 설교 영상 /

인간적인 힘의 한계를 처절하게 경험한 사람일수록
성령님의 약속은 더욱 강력하게 다가옵니다.

23
시 월

우리가 너희와 함께 있을 때에도
너희에게 명하기를
누구든지 일하기 싫어하거든
먹지도 말게 하라 하였더니

살후 3:10

／ 설교 영상 ／

자신이 맡은 일에 최선을 다하고
저녁 침상에 누울 때 후회가 남지 않아야 합니다.

08
삼 월

영접하는 자 곧
그 이름을 믿는 자들에게는
하나님의 자녀가 되는 권세를
주셨으니 요 1:12

/ 설교 영상 /

자녀의 권세는 특권입니다.
특권은 누리고 또 누리는 자의 것입니다.

22 시월

너희 말을 항상 은혜 가운데서 소금으로 맛을 냄과 같이 하라 그리하면 각 사람에게 마땅히 대답할 것을 알리라 골 4:6

/ 설교 영상 /

의미 없는 말은 소음과도 같습니다.
은혜로운 말, 사람을 살리는 생명 언어를 사용하는 사람이
많은 세상이 아름답습니다.

09 삼월

하나님이 세상을 이처럼 사랑하사 독생자를 주셨으니 이는 그를 믿는 자마다 멸망하지 않고 영생을 얻게 하려 하심이라 요 3:16

하나님이 미련하고 연약하기 짝이 없는 나를 위해
하나뿐인 독생자를 주셨다니···.

/ 설교 영상 /

21
시 월

사무엘이 이르되
여호와께서 번제와 다른 제사를
그의 목소리를 청종하는 것을 좋아하심같이
좋아하시겠나이까 순종이 제사보다 낫고
듣는 것이 숫양의 기름보다 나으니

삼상 15:22

형식적인 신앙은 아무리 열심히 해도
하나님을 기쁘시게 할 수 없습니다.

/ 설교 영상 /

10
삼 월

내 안에 거하라 나도 너희 안에 거하리라 가지가 포도나무에 붙어 있지 아니하면 스스로 열매를 맺을 수 없음 같이 너희도 내 안에 있지 아니하면 그러하리라 요 15:4

/ 설교 영상 /

연결이 능력이고 생명입니다.
누구에게 붙어 있느냐가 모든 것을 결정합니다.

20
시 월

예수께서 그들을 보시며 이르시되
사람으로는 할 수 없으되 하나님으로는
그렇지 아니하니 하나님으로서는
다 하실 수 있느니라 막 10:27

/ 설교 영상 /

하나님이 하시는 일을 경험하며 사는 비결은 믿음입니다.

11
삼 월

나는 포도나무요 너희는 가지라
그가 내 안에, 내가 그 안에 거하면
사람이 열매를 많이 맺나니 나를 떠나
서는 너희가 아무것도 할 수 없음이라

요 15:5

/ 설교 영상 /

누구나 열매를 맺고 싶어 합니다.
그러나 모든 사람이 열매 맺는 삶을 사는 것은 아닙니다.

19
시 월

그런즉 너희가 먹든지 마시든지
무엇을 하든지 다 하나님의
영광을 위하여 하라

고전 10:31

/ 설교 영상 /

일어서고 앉는 것, 일상의 대화와 작은 행동으로도
얼마든지 하나님께 영광을 돌릴 수 있습니다.

12
삼 월

예수께서 또 이르시되
너희에게 평강이 있을지어다
아버지께서 나를 보내신 것같이
나도 너희를 보내노라 요 20:21

/ 설교 영상 /

최초의 선교사이신 그리스도께서
우리를 선교사로 세상에 보내셨습니다.

18
시 월

하나님의 나라는
먹는 것과 마시는 것이 아니요
오직 성령 안에 있는 의와
평강과 희락이라 롬 14:17

/ 설교 영상 /

하나님 나라는 멀리 있지 않습니다.
하나님 나라는 내 안에서 시작해 이웃과의 관계로
확장해 가야 합니다.

13
삼 월

그러므로 우리가 믿음으로 의롭다 하심을 받았으니 우리 주 예수 그리스도로 말미암아 하나님과 화평을 누리자 롬 5:1

/ 설교 영상 /

하나님과의 관계가 꼬이면 모든 것이 꼬입니다.
풀어 주신 분은 그리스도십니다.

17
시 월

우리가 알거니와 우리의 옛 사람이
예수와 함께 십자가에 못 박힌 것은
죄의 몸이 죽어 다시는 우리가 죄에게
종 노릇 하지 아니하려 함이니

롬 6:6

/ 설교 영상 /

죄의 습관에서 풀려나 자유를 누리려면
매일 매 순간 십자가에 못 박히는 삶을 반복해야 합니다.

29 일월

이러므로 우리에게 구름같이 둘러싼 허다한 증인들이 있으니 모든 무거운 것과 얽매이기 쉬운 죄를 벗어 버리고 인내로써 우리 앞에 당한 경주를 하며 히 12:1

/ 설교 영상 /

믿음의 경주자는 거추장스럽고 불필요한 것들을 제거할 줄 압니다.

30
십일월

범사에 헤아려 좋은 것을 취하고 악은 어떤 모양이라도 버리라 살전 5:21-22

/ 설교 영상 /

좋은 것과 좋지 않은 것을 분별하는 눈을 가져야 합니다.
좋은 것을 좋은 것으로 볼 줄 아는 눈이 보배입니다.

30
일 월

믿음의 주요 또 온전하게 하시는 이인 예수를 바라보자 그는 그 앞에 있는 기쁨을 위하여 십자가를 참으사 부끄러움을 개의치 아니하시더니 하나님 보좌 우편에 앉으셨느니라 히 12:2

/ 설교 영상 /

신앙은 싱글 포커스입니다. 산만함과 싸워야 합니다.
오직 예수만 바라보기가 핵심입니다.

29
십일월

나는 비천에 처할 줄도 알고 풍부에 처할 줄도 알아 모든 일 곧 배부름과 배고픔과 풍부와 궁핍에도 처할 줄 아는 일체의 비결을 배웠노라 내게 능력 주시는 자 안에서 내가 모든 것을 할 수 있느니라 빌 4:12-13

/ 설교 영상 /

자족하는 신앙은 초월적인 삶을 살게 합니다.
인간적인 힘으로는 불가능합니다.
그리스도 안에서 나오는 능력이 가능하게 합니다.

31
일 월

예언은 언제든지 사람의 뜻으로 낸 것이 아니요 오직 성령의 감동하심을 받은 사람들이 하나님께 받아 말한 것임이라 벧후 1:21

／ 설교 영상 ／

무엇이든지 출처가 중요합니다.
성령에서 시작해 성령으로 마쳐야 합니다.

28
십일월

푯대를 향하여 그리스도 예수 안에서 하나님이 위에서 부르신 부름의 상을 위하여 달려가노라 빌 3:14

/ 설교 영상 /

상 받는 것을 목표로 한 사람과 그렇지 않은 사람은
다른 결과를 만들어 냅니다.

2

February

만족

내게 부족함이 없으리로다

27
십일월

능히 모든 성도와 함께 지식에 넘치는
그리스도의 사랑을 알고 그 너비와 길이와
높이와 깊이가 어떠함을 깨달아
하나님의 모든 충만하신 것으로 너희에게
충만하게 하시기를 구하노라
엡 3:18-19

/ 설교 영상 /

하나님의 사랑을 맛본 만큼 신앙은 깊고 풍성해집니다.
사랑의 강에 풍덩 빠져 보십시오. 아마 헤어나지 못할 것입니다.

01
이 월

여호와는 네게 복을 주시고
너를 지키시기를 원하며 여호와는 그의 얼굴을
네게 비추사 은혜 베푸시기를 원하며
여호와는 그 얼굴을 네게로 향하여 드사
평강 주시기를 원하노라 할지니라 하라

민 6:24-26

/ 설교 영상 /

복은 하나님에게서 옵니다.
하나님을 향하는 사람은 하나님의 얼굴을 봅니다.

26
십일월

그의 안에서 건물마다 서로 연결하여
주 안에서 성전이 되어 가고 너희도
성령 안에서 하나님이 거하실 처소가 되기
위하여 그리스도 예수 안에서
함께 지어져 가느니라 엡 2:21-22

/ 설교 영상 /

홀로 신앙생활을 하는 것은 이기적인 것입니다.
다른 지체들과 함께 신앙생활을 하는 것이
건강한 공동체를 세우는 일입니다.

02
이 월

만일 여호와를 섬기는 것이 너희에게
좋지 않게 보이거든 너희 조상들이 강 저쪽에서
섬기던 신들이든지 또는 너희가 거주하는 땅에
있는 아모리 족속의 신들이든지 너희가
섬길 자를 오늘 택하라 오직 나와 내 집은
여호와를 섬기겠노라 하니 수 24:15

인간은 무엇인가를 섬기게 되어 있습니다.
하나님인가 우상인가? 운명을 가르는 주제입니다.

/ 설교 영상 /

25
―
십일월

너희는 그 은혜에 의하여 믿음으로 말미암아 구원을 받았으니 이것은 너희에게서 난 것이 아니요 하나님의 선물이라 엡 2:8

/ 설교 영상 /

하나님께서 주시는 선물을
감사함으로 받아야 내 것이 됩니다.

03
이 월

고운 것도 거짓되고 아름다운 것도
헛되나 오직 여호와를 경외하는
여자는 칭찬을 받을 것이라

잠 31:30

거짓된 것을 추구하면 허무에 이르게 됩니다.
하나님을 경외하는 것이 복입니다.

/ 설교 영상 /

24
십일월

우리가 주목하는 것은 보이는 것이 아니요 보이지 않는 것이니 보이는 것은 잠깐이요 보이지 않는 것은 영원함이라 고후 4:18

/ 설교 영상 /

눈에 보이는 것을 좇으면 후회하게 됩니다.
영원한 것을 추구하면 후회가 없습니다.

04
이 월

전도자가 이르되 헛되고 헛되며 헛되고 헛되니 모든 것이 헛되도다 해 아래에서 수고하는 모든 수고가 사람에게 무엇이 유익한가 전 1:2-3

/ 설교 영상 /

헛된 것과 헛되지 않는 것을 분별하는 것이 영성입니다.

23
십일월

그러므로 우리가 낙심하지 아니하노니 우리의 겉사람은 낡아지나 우리의 속사람은 날로 새로워지도다 고후 4:16

/ 설교 영상 /

어디에 초점을 맞추고 사느냐에 따라
낙심할 것인지 기뻐할 것인지 결정됩니다.

05
이 월

내가 해 아래에서 행하는 모든 일을 보았노라 보라 모두 다 헛되어 바람을 잡으려는 것이로다 전 1:14

/ 설교 영상 /

바람은 잡히지 않습니다.
잡히지 않는 것을 잡으려고 애쓸 이유가 없습니다.

22
십일월

모든 것이 가하나 모든 것이 유익한 것은 아니요 모든 것이 가하나 모든 것이 덕을 세우는 것은 아니니 고전 10:23

/ 설교 영상 /

좋아하는 것보다 유익한 것을 생각하고,
할 수 있지만 먼저 덕을 세우는 것이 성숙입니다.

06
이 월

풀은 마르고 꽃은 시드나 우리 하나님의 말씀은 영원히 서리라 하라 사 40:8

/ 설교 영상 /

하나님의 말씀을 따라 살아가다 보면
자연스럽게 철을 따라 열매를 맺게 됩니다.

21
십일월

항상 기뻐하라 쉬지 말고 기도하라 범사에 감사하라 이것이 그리스도 예수 안에서 너희를 향하신 하나님의 뜻이니라 살전 5:16-18

그리스도인들에게는 초월적 삶을 사는 비밀이 공개되어 있습니다.

/ 설교 영상 /

07
이 월

무릇 시온에서 슬퍼하는 자에게 화관을 주어
그 재를 대신하며 기쁨의 기름으로 그 슬픔을
대신하며 찬송의 옷으로 그 근심을 대신하시고
그들이 의의 나무 곧 여호와께서 심으신 그 영광을
나타낼 자라 일컬음을 받게 하려 하심이라

사 61:3

/ 설교 영상 /

우울한 세상에서 찬송의 옷을 입은 자로 살아가는 것이
하나님의 영광을 드러내는 삶입니다.

20
십일월

생각하건대 현재의 고난은 장차 우리에게 나타날 영광과 비교할 수 없도다 롬 8:18

/ 설교 영상 /

현재의 고난과 장차 나타날 영광의 무게를 잴 수 있는
눈을 가진 사람은 현재의 고난을 불행으로 보지 않습니다.

08
이 월

지혜 있는 자는 궁창의 빛과 같이 빛날 것이요 많은 사람을 옳은 데로 돌아오게 한 자는 별과 같이 영원토록 빛나리라 단 12:3

/ 설교 영상 /

별과 같이 빛나는 인생을 사는 비결은
다른 사람을 구원의 길로 이끄는 것입니다.

19
십일월

우리가 아직 죄인 되었을 때에
그리스도께서 우리를 위하여 죽으심으로
하나님께서 우리에 대한 자기의
사랑을 확증하셨느니라

롬 5:8

/ 설교 영상 /

그리스도를 통해 보이신 하나님의 사랑은 '크레이지 러브'입니다.
십자가는 일평생 다 이해할 수 없는 신비입니다.

09
이 월

너의 하나님 여호와가 너의 가운데에 계시니 그는 구원을 베푸실 전능자이시라 그가 너로 말미암아 기쁨을 이기지 못하시며 너를 잠잠히 사랑하시며 너로 말미암아 즐거이 부르며 기뻐하시리라 하리라 습 3:17

/ 설교 영상 /

자존감의 원천은 외적인 조건들이 아니라
하나님으로부터 받는 사랑입니다.

18
십일월

예수께서 이르시되 나는 부활이요
생명이니 나를 믿는 자는 죽어도 살겠고
무릇 살아서 나를 믿는 자는 영원히
죽지 아니하리니 이것을 네가 믿느냐

요 11:25-26

/ 설교 영상 /

부활 신앙으로 무장하면 세상에 두려울 것이 없습니다.
초월적인 인생을 사는 비결은 부활 신앙으로 사는 것입니다.

10
이 월

나더러 주여 주여 하는 자마다 다 천국에 들어갈 것이 아니요 다만 하늘에 계신 내 아버지의 뜻대로 행하는 자라야 들어가리라 마 7:21

/ 설교 영상 /

말씀에 대한 구체적인 순종이 따르지 않으면
스스로 속는 것입니다.

17
십일월

진리를 알지니 진리가 너희를 자유롭게 하리라

요 8:32

/ 설교 영상 /

자기답게 살지 못하고 끌려다니는 삶은 불행합니다.
진리에 깊이 사로잡히면 날개를 단 인생이 됩니다.

11
이 월

예수께서 이르시되 네 마음을
다하고 목숨을 다하고 뜻을 다하여
주 너의 하나님을 사랑하라
하셨으니 마 22:37

/ 설교 영상 /

건성으로 하는 사랑은 외식(外飾)입니다.
하나님은 진정한 사랑을 원하십니다.

16
십일월

내가 너희에게 이르노니 이와 같이 죄인 한 사람이 회개하면 하늘에서는 회개할 것 없는 의인 아흔 아홉으로 말미암아 기뻐하는 것보다 더하리라 눅 15:7

/ 설교 영상 /

탕자가 집으로 돌아올 때 가장 기뻐한 사람은 아버지였습니다.
잔치를 베풀고 춤을 추는 아버지에게서 하나님의 마음을 봅니다.

12
이 월

예수께서 이르시되 할 수 있거든이
무슨 말이냐 믿는 자에게는
능히 하지 못할 일이 없느니라
하시니 막 9:23

/ 설교 영상 /

믿음은 우리가 상상하는 것보다 더 위대한 일을 만들어 냅니다.

15
십일월

대저 하나님의 모든 말씀은 능하지 못하심이 없느니라

눅 1:37

/ 설교 영상 /

하나님의 말씀은 위대합니다.
말씀은 창조의 역사를 만들고 죽은 자를 살립니다.

13
이 월

그러므로 내가 너희에게 말하노니 무엇이든지 기도하고 구하는 것은 받은 줄로 믿으라 그리하면 너희에게 그대로 되리라 막 11:24

/ 설교 영상 /

믿음을 기초로 한 기도는 하늘과 땅을 연결시키고도 남습니다.

14
십일월

> 좋은 땅에 뿌려졌다는 것은 곧 말씀을 듣고 받아 삼십 배나 육십 배나 백 배의 결실을 하는 자니라 막 4:20

/ 설교 영상 /

말씀에 대한 흡수력이 삶을 바꿉니다.
듣는 태도가 모든 것을 결정합니다.

14
이 월

내가 주는 물을 마시는 자는 영원히 목마르지 아니하리니 내가 주는 물은 그 속에서 영생하도록 솟아나는 샘물이 되리라 요 4:14

/ 설교 영상 /

영원히 목마르지 않는 샘물을 발견한 사람은
세상 것들이 부족하다고 힘들어하지 않습니다.

13
십일월

그러므로 누구든지 나의 이 말을 듣고 행하는 자는 그 집을 반석 위에 지은 지혜로운 사람 같으리니

마 7:24

/ 설교 영상 /

설교의 홍수 시대입니다. 좋은 말씀을 많이 들었다고
좋은 신앙을 담보하지 않습니다. 듣고 실천하는 것만 남습니다.

15
이 월

그런즉 믿음, 소망, 사랑,
이 세 가지는 항상 있을 것인데
그 중의 제일은 사랑이라

고전 13:13

/ 설교 영상 /

무엇을 하든지 사랑을 빼면 제로가 됩니다.

12
십일월

구하라 그리하면 너희에게
주실 것이요 찾으라 그리하면
찾아낼 것이요 문을 두드리라
그리하면 너희에게 열릴 것이니

마 7:7

/ 설교 영상 /

하나님은 구하는 자에게 응답하시기를 기뻐하십니다.
기본적인 기도의 법칙입니다.

16
이 월

그러나 내가 나 된 것은 하나님의 은혜로 된 것이니 내게 주신 그의 은혜가 헛되지 아니하여 내가 모든 사도보다 더 많이 수고하였으나 내가 한 것이 아니요 오직 나와 함께하신 하나님의 은혜로라 고전 15:10

/ 설교 영상 /

그리스도인의 삶은 첫째도 하나님의 은혜,
둘째도 하나님의 은혜, 셋째도 하나님의 은혜입니다.

11
십일월

나는 여호와로 말미암아 즐거워하며 나의 구원의 하나님으로 말미암아 기뻐하리로다

합 3:18

/ 설교 영상 /

하나님으로 인해 즐거워한다면
세상의 것으로 인해 기쁨을 빼앗기지 않습니다.

17
이 월

우리의 모든 환난 중에서 우리를 위로하사 우리로 하여금 하나님께 받는 위로로서 모든 환난 중에 있는 자들을 능히 위로하게 하시는 이시로다

고후 1:4

/ 설교 영상 /

사람의 위로를 구하기보다
하나님의 위로를 구하면 승리합니다.

10
십일월

비록 무화과나무가 무성하지 못하며 포도나무에 열매가 없으며 감람나무에 소출이 없으며 밭에 먹을 것이 없으며 우리에 양이 없으며 외양간에 소가 없을지라도 합 3:17

/ 설교 영상 /

사람들은 엉뚱한 곳에서 기쁨을 찾습니다.
기쁨은 소유가 아닌 하나님과의 관계에 있습니다.

18
이 월

그는 우리의 화평이신지라
둘로 하나를 만드사 원수 된 것 곧
중간에 막힌 담을 자기 육체로
허시고 엡 2:14

/ 설교 영상 /

그리스도는 하나님과 우리 사이에 고속도로를 놓아 주셨습니다.
그 길은 왕의 대로입니다.

09
십일월

사람아 주께서 선한 것이 무엇임을 네게
보이셨나니 여호와께서 네게 구하시는 것은
오직 정의를 행하며 인자를 사랑하며
겸손하게 네 하나님과 함께 행하는 것이
아니냐 미 6:8

/ 설교 영상 /

내가 원하는 것보다 하나님이 원하시는 것이 무엇인지
묵상하고 실천하는 삶이 중요합니다.

19
이 월

평안의 매는 줄로 성령이 하나 되게 하신 것을 힘써 지키라 몸이 하나요 성령도 한 분이시니 이와 같이 너희가 부르심의 한 소망 안에서 부르심을 받았느니라 엡 4:3-4

/ 설교 영상 /

하나 됨은 인간적인 힘으로는 불가능합니다.
분열된 세상에 필요한 것은 성령님의 능력입니다.

08
십일월

그러나 무릇 여호와를 의지하며 여호와를 의뢰하는 그 사람은 복을 받을 것이라 렘 17:7

/ 설교 영상 /

복 받는 태도가 있습니다.
하나님을 의지하는 사람은 복을 받습니다.

20
이 월

오직 사랑 안에서 참된 것을 하여 범사에 그에게까지 자랄지라 그는 머리니 곧 그리스도라 엡 4:15

/ 설교 영상 /

성숙의 목표를 낮추면 안 됩니다.
바라보아야 할 푯대는 그리스도입니다.

07
십일월

주 여호와의 영이 내게 내리셨으니 이는 여호와께서 내게 기름을 부으사 가난한 자에게 아름다운 소식을 전하게 하려 하심이라 나를 보내사 마음이 상한 자를 고치며 포로된 자에게 자유를, 갇힌 자에게 놓임을 선포하며 사 61:1

/ 설교 영상 /

죄로 망가지고 깨어진 세상에 그리스도가 오신 순간부터 치유와 자유와 회복이 일어났습니다.

21
이 월

이는 내게 사는 것이 그리스도니 죽는 것도 유익함이라
빌 1:21

/ 설교 영상 /

그리스도인의 생사관은 뚜렷합니다.
예수 위해 살고 예수 위해 죽고!

06
십일월

> 일어나라 빛을 발하라
> 이는 네 빛이 이르렀고
> 여호와의 영광이 네 위에
> 임하였음이니라 사 60:1

그리스도인은 세상의 빛입니다.
빛은 감출 수 없습니다.

/ 설교 영상 /

22
이 월

너희가 전에는 어둠이더니
이제는 주 안에서 빛이라
빛의 자녀들처럼 행하라
빛의 열매는 모든 착함과 의로움과
진실함에 있느니라 엡 5:8-9

/ 설교 영상 /

빛과 어둠은 공존할 수 없습니다.
빛은 빛으로 살 수밖에 없습니다.

05
십일월

여호와의 영광이 나타나고
모든 육체가 그것을 함께 보리라
이는 여호와의 입이
말씀하셨느니라 사 40:5

/ 설교 영상 /

하나님의 영광을 보는 것이 부흥입니다.
마지막 날을 생각하며 영적으로 늘 깨어 있어야 합니다.

23
이 월

아무것도 염려하지 말고 다만 모든 일에
기도와 간구로, 너희 구할 것을 감사함으로
하나님께 아뢰라 그리하면 모든 지각에 뛰어난
하나님의 평강이 그리스도 예수 안에서
너희 마음과 생각을 지키시리라 빌 4:6-7

/ 설교 영상 /

염려의 자리에 기도를 세팅하면
하나님의 평강이 지배하는 삶을 살게 됩니다.

04
십일월

네 길을 여호와께 맡기라
그를 의지하면 그가 이루시고
네 의를 빛같이 나타내시며
네 공의를 정오의 빛같이 하시리로다
시 37:5-6

/ 설교 영상 /

하나님께 삶을 온전히 맡기고 의지할 때
인생의 무대에서 빛나게 하십니다.

24
이 월

내가 궁핍하므로 말하는 것이 아니니라 어떠한 형편에든지 나는 자족하기를 배웠노니

빌 4:11

/ 설교 영상 /

자족은 그리스도 안에서 조금씩 배워 가는
새로운 삶의 방식입니다.

03
십일월

> 주께서 내 원수의 목전에서
> 내게 상을 차려 주시고
> 기름을 내 머리에 부으셨으니
> 내 잔이 넘치나이다 시 23:5

하나님 백성의 삶은 바닥을 긁는 삶이 아니라
흘러넘치는 삶이어야 합니다.
흘러넘쳐야 다른 사람을 섬길 수 있습니다.

/ 설교 영상 /

25
이 월

나를 능하게 하신 그리스도 예수 우리 주께 내가 감사함은 나를 충성되이 여겨 내게 직분을 맡기심이니 딤전 1:12

/ 설교 영상 /

직분은 의무나 짐이 아니라 특권으로 받아야 합니다.
감당할 능력도 하나님이 주십니다.

02
십일월

이 사람 모세는 온유함이 지면의 모든 사람보다 더하더라 민 12:3

/ 설교 영상 /

온유함은 연약함이 아닙니다.
내적인 충만함과 강인함을 가진 사람만이 온유할 수 있습니다.

26
이 월

그러므로 우리에게
큰 대제사장이 계시니
승천하신 이 곧 하나님의 아들 예수시라
우리가 믿는 도리를 굳게 잡을지어다

히 4:14

/ 설교 영상 /

우리가 굳게 붙잡아야 하는 것은 유동적인 것이 아니라
변함없는 것이어야 합니다.

01
십일월

내가 너로 큰 민족을 이루고 네게 복을 주어 네 이름을 창대하게 하리니 너는 복이 될지라 창 12:2

/ 설교 영상 /

신자는 복을 구하는 자가 아니라 이미 복을 받은 자입니다.
복의 통로로 사는 것이 사명입니다.

27
이 월

우리가 보고 들은 바를 너희에게도 전함은 너희로 우리와 사귐이 있게 하려 함이니 우리의 사귐은 아버지와 그의 아들 예수 그리스도와 더불어 누림이라

요일 1:3

/ 설교 영상 /

그리스도와 교제가 깊어질 때
다른 성도들과의 교제도 깊어집니다.

11

November

풍성함

기름을 내 머리에 부으셨으니 내 잔이 넘치나이다

28
이 월

사랑하는 자들아 우리가 서로 사랑하자 사랑은 하나님께 속한 것이니 사랑하는 자마다 하나님으로부터 나서 하나님을 알고 사랑하지 아니하는 자는 하나님을 알지 못하나니 이는 하나님은 사랑이심이라

요일 4:7-8

/ 설교 영상 /

사랑이 존재를 가능하게 했습니다. 사랑하는 것으로 소속이 드러납니다. 사랑으로 진짜인지 가짜인지 구별됩니다.

31
시 월

사랑하는 자여 악한 것을 본받지 말고 선한 것을 본받으라 선을 행하는 자는 하나님께 속하고 악을 행하는 자는 하나님을 뵈옵지 못하였느니라 요삼 1:11

/ 설교 영상 /

그리스도인은 언제나 선을 행하고 선에 속하고
선으로 악을 이기는 삶을 살아야 합니다.

3

March

안식

그가 나를 푸른 풀밭에 누이시며

30
시월

미혹하는 자가 세상에 많이 나왔나니 이는 예수 그리스도께서 육체로 오심을 부인하는 자라 이런 자가 미혹하는 자요 적그리스도니 요이 1:7

/ 설교 영상 /

미혹하는 자가 많은 세상입니다.
미혹당하지 않으려면 그리스도를 알기 위해 더 노력해야 합니다.

01
삼월

네 부모를 공경하라 그리하면 네 하나님 여호와가 네게 준 땅에서 네 생명이 길리라 출 20:12

/ 설교 영상 /

창조 질서와 원리를 지키는 것이 복 받는 비결입니다.

29 / 시월

자녀들아 너희는 하나님께 속하였고 또 그들을 이기었나니 이는 너희 안에 계신 이가 세상에 있는 자보다 크심이라 요일 4:4

/ 설교 영상 /

그리스도를 모시고 살면 무적 인생이 됩니다.
초점을 하나님께만 맞추고 사는 삶은 강력합니다.

02
삼월

하나님은 우리의 피난처시요 힘이시니 환난 중에 만날 큰 도움이시라 시 46:1

/ 설교 영상 /

문제 많은 세상에서 가장 안전한 피난처는
오직 한 곳뿐입니다.

28
시월

그러므로 너희 마음의 허리를 동이고 근신하여 예수 그리스도께서 나타나실 때에 너희에게 가져다 주실 은혜를 온전히 바랄지어다 벧전 1:13

/ 설교 영상 /

종말의식을 가진 사람은 현재의 삶을 규모 있게 살아갑니다.

03
삼월

하나님이여 내 마음이 확정되었고 내 마음이 확정되었사오니 내가 노래하고 내가 찬송하리이다

시 57:7

/ 설교 영상 /

불확실한 미래에 대한 불안이 깊어지는 세상에서
하나님을 찬양하고 노래하는 사람은 이미 승리자입니다.

27
시월

내일 일을 너희가 알지 못하는도다
너희 생명이 무엇이냐
너희는 잠깐 보이다가 없어지는
안개니라 약 4:14

/ 설교 영상 /

내일이라는 시간이 하나님의 손에 달려 있다는 것을 알면
겸손해질 수밖에 없습니다.

04 삼월

주의 궁정에서의 한 날이 다른 곳에서의 천 날보다 나은즉 악인의 장막에 사는 것보다 내 하나님의 성전 문지기로 있는 것이 좋사오니 시 84:10

/ 설교 영상 /

행복의 관건은 일시적인 것과 영원한 것을 구별할 줄 아는 믿음의 눈입니다.

26
시 월

믿음이 없이는
하나님을 기쁘시게 하지 못하나니
하나님께 나아가는 자는 반드시 그가 계신
것과 또한 그가 자기를 찾는 자들에게
상 주시는 이심을 믿어야 할지니라

히 11:6

/ 설교 영상 /

믿음은 창의적이고 적극적인 삶을 살게 합니다.
믿음은 승리의 삶을 사는 원동력입니다.

05 삼월

내가 주의 영을 떠나 어디로 가며 주의 앞에서 어디로 피하리이까 시 139:7

/ 설교 영상 /

하나님의 존재는 빛처럼 우리가 피할 수 없습니다.

25
시월

서로 돌아보아 사랑과 선행을 격려
하며 모이기를 폐하는 어떤 사람들의
습관과 같이 하지 말고 오직 권하여
그날이 가까움을 볼수록
더욱 그리하자 히 10:24-25

／ 설교 영상 ／

그리스도인들은 습관적으로 모이기를 힘쓰는
독특한 형태의 공동체를 이룹니다.
모일 때 생명의 신비로운 시너지가 일어납니다.

이규현 목사의
묵상이 있는

암송 365일

두란노

31
오 월

너희 염려를 다 주께 맡기라 이는 그가 너희를 돌보심이라

벧전 5:7

/ 설교 영상 /

염려는 내가 지고 가는 것이 아니라 맡기는 것입니다.

31
칠 월

내가 너희에게 뱀과 전갈을 밟으며 원수의 모든 능력을 제어할 권능을 주었으니 너희를 해칠 자가 결코 없으리라 눅 10:19

／ 설교 영상 ／

그리스도께서는 제자들에게 이미 세상을 이길 권세를 주셨습니다.
이제 믿음으로 사용하면 됩니다.

6

June

거룩

자기 이름을 위하여 의의 길로 인도하시는도다

30
칠 월

무릇 하나님께로부터 난 자마다
세상을 이기느니라
세상을 이기는 승리는 이것이니
우리의 믿음이니라 요일 5:4

/ 설교 영상 /

어려움이 많아 힘든 것이 아닙니다.
믿음이 부족하면 모든 것이 힘들어집니다.

01
유월

너는 네 하나님 여호와의 이름을 망령되게 부르지 말라 여호와는 그의 이름을 망령되게 부르는 자를 죄 없다 하지 아니하리라 출 20:7

/ 설교 영상 /

신앙의 경박성을 경계하고
영적으로 진지한 태도를 놓치지 않는 것이 정도(正道)입니다.

29
칠 월

그러나 주의 날이 도둑같이 오리니 그날에는 하늘이 큰 소리로 떠나가고 물질이 뜨거운 불에 풀어지고 땅과 그 중에 있는 모든 일이 드러나리로다

벧후 3:10

/ 설교 영상 /

그리스도인의 시간관은 시작과 끝을 인식하고 사는 것입니다.
'그날'은 지금 다가오고 있습니다.

02
유 월

안식일을 기억하여 거룩하게 지키라

출 20:8

/ 설교 영상 /

안식일을 지키면 안식일이 나를 지켜 줍니다.

28 칠월

그러나 너희는 택하신 족속이요 왕 같은 제사장들이요 거룩한 나라요 그의 소유가 된 백성이니 이는 너희를 어두운 데서 불러내어 그의 기이한 빛에 들어가게 하신 이의 아름다운 덕을 선포하게 하려 하심이라

벧전 2:9

새로운 신분의식이 분명할수록 생동감이 넘치는 삶을
살 수 있습니다. 늘 물어야 할 질문입니다.
나는 누구인가?

/ 설교 영상 /

03
유월

살인하지 말라 간음하지 말라
도둑질하지 말라

출 20:13-15

/ 설교 영상 /

죄를 짓지 않으려고 애쓰기보다
사랑하려고 애쓰는 것이 적극적인 선택입니다.

27 칠월

내 형제들아 만일 사람이 믿음이 있노라 하고 행함이 없으면 무슨 유익이 있으리요 그 믿음이 능히 자기를 구원하겠느냐 약 2:14

/ 설교 영상 /

말만 하는 믿음은 거짓입니다.
믿음의 실체를 행위로 드러내야 합니다.

04
유월

네 이웃에 대하여 거짓 증거하지 말라
네 이웃의 집을 탐내지 말라
네 이웃의 아내나 그의 남종이나
그의 여종이나 그의 소나 그의 나귀나
무릇 네 이웃의 소유를 탐내지 말라

출 20:16-17

/ 설교 영상 /

이기심은 나도 죽이고 남도 죽이는 길입니다.
복음은 획득보다 포기를 가르칩니다.

26
칠 월

오직 각 사람이 시험을 받는 것은 자기 욕심에 끌려 미혹됨이니 욕심이 잉태한즉 죄를 낳고 죄가 장성한즉 사망을 낳느니라 약 1:14-15

/ 설교 영상 /

매 순간 밀려오는 욕심을 다루지 않으면
매일 시험 속에서 살게 됩니다. 욕심의 뿌리를 제거해야 합니다.

05
유월

나는 너희를 위하여 기도하기를 쉬는 죄를
여호와 앞에 결단코 범하지 아니하고
선하고 의로운 길을 너희에게
가르칠 것인즉 삼상 12:23

/ 설교 영상 /

기도의 맛을 본 사람은 쉬는 것이 더 어렵습니다.

25
칠 월

한번 죽는 것은 사람에게 정해진 것이요 그 후에는 심판이 있으리니 히 9:27

/ 설교 영상 /

언젠가, 예외 없이 다가올 그날을 준비해야 합니다.

06
유월

> 그는 몸인 교회의 머리시라
> 그가 근본이시요 죽은 자들 가운데서
> 먼저 나신 이시니 이는 친히
> 만물의 으뜸이 되려 하심이요
>
> 골 1:18

지상의 교회가 비록 연약할지라도 머리이신 그리스도에게
붙어 있기만 하면 그 교회를 흔들 자는 없습니다.
교회는 그리스도의 주 되심을 선포해야 합니다.

/ 설교 영상 /

24
칠 월

너희 안에서 착한 일을 시작하신 이가 그리스도 예수의 날까지 이루실 줄을 우리는 확신하노라 빌 1:6

/ 설교 영상 /

무엇을 하느냐보다 누가 시작한 일인가를 확인해야 합니다.
그리스도께서 시작하셨으면 그리스도께서 완성하실 것입니다.

07
유 월

내가 사망의 음침한 골짜기로 다닐지라도 해를 두려워하지 않을 것은 주께서 나와 함께 하심이라 주의 지팡이와 막대기가 나를 안위하시나이다 시 23:4

인생의 위기의 순간에 하나님은
더 가까이 다가와 함께하십니다.

/ 설교 영상 /

23
칠 월

세월을 아끼라
때가 악하니라

엡 5:16

/ 설교 영상 /

소극적으로 살면 악에 연루되기 쉽습니다.
적극적으로 시간을 거룩하게 사용해야 합니다.

08
유월

곧 손이 깨끗하며 마음이 청결하며 뜻을 허탄한 데에 두지 아니하며 거짓 맹세하지 아니하는 자로다 시 24:4

/ 설교 영상 /

거룩한 삶이 일상이 될 때
세상 속에서 시공을 초월한 예배자가 됩니다.

22 칠월

우리의 싸우는 무기는 육신에 속한 것이 아니요 오직 어떤 견고한 진도 무너뜨리는 하나님의 능력이라 모든 이론을 무너뜨리며 고후 10:4

/ 설교 영상 /

세상과 싸워 이기려면 내가 가진 무기를 확인해야 합니다.

09
유월

여호와를 경외하는 것이
지식의 근본이거늘
미련한 자는 지혜와 훈계를
멸시하느니라 잠 1:7

/ 설교 영상 /

하나님이 없는 지성은 엉뚱한 곳으로 흘러갑니다.
지혜와 미련의 기준은 하나님과의 관계와 연관이 있습니다.

21
칠 월

우리가 이 보배를 질그릇에 가졌으니
이는 심히 큰 능력은 하나님께 있고
우리에게 있지 아니함을
알게 하려 함이라 고후 4:7

／설교 영상 ／

우리 안에 계신 그리스도 덕분에
덩달아 우리 삶도 존귀해졌습니다.

10
유 월

유순한 대답은
분노를 쉬게 하여도
과격한 말은 노를 격동하느니라

잠 15:1

/ 설교 영상 /

지혜로운 말은 많은 분노를 잠재울 수 있습니다.

20
칠 월

하나님의 나라는 말에 있지 아니하고 오직 능력에 있음이라

고전 4:20

／설교 영상 ／

말만 무성하면 공허할 뿐입니다.
위로부터 오는 능력을 구하는 삶이 하나님 나라를 이루어 갑니다.

11
유 월

교만은 패망의 선봉이요 거만한 마음은 넘어짐의 앞잡이니라

잠 16:18

/ 설교 영상 /

교만한 마음이 드는 순간 경고음을 들어야 합니다.

19
칠 월

우리가 알거니와
하나님을 사랑하는 자 곧 그의 뜻대로
부르심을 입은 자들에게는
모든 것이 합력하여 선을 이루느니라

롬 8:28

／설교 영상／

마주하고 있는 상황에 대한 성급한 결론보다
모든 것을 하나님의 손길에 맡기는 일상을 살아야 합니다.

12
유 월

묵시가 없으면 백성이 방자히 행하거니와 율법을 지키는 자는 복이 있느니라 잠 29:18

/ 설교 영상 /

말씀으로 채워지면 자기 마음대로 살아갈 수 없습니다.

18
칠 월

이것을 너희에게 이르는 것은 너희로 내 안에서 평안을 누리게 하려 함이라 세상에서는 너희가 환난을 당하나 담대하라 내가 세상을 이기었노라 요 16:33

/ 설교 영상 /

그리스도 안에서 주어지는 참된 평안은
세상을 이기게 합니다.

13
유월

만물보다 거짓되고 심히 부패한 것은 마음이라 누가 능히 이를 알리요마는 렘 17:9

/ 설교 영상 /

가장 오염도가 높은 곳은 인간의 마음입니다.
마음 관리를 잘해야 합니다.

17
칠 월

너희는 마음에 근심하지 말라
하나님을 믿으니 또 나를 믿으라

요 14:1

／ 설교 영상 ／

근심을 이기려고 노력하기보다 하나님을 믿으려고 힘쓸 때
근심은 저절로 사라집니다.

14
유월

다니엘은 뜻을 정하여 왕의 음식과 그가 마시는 포도주로 자기를 더럽히지 아니하리라 하고 자기를 더럽히지 아니하도록 환관장에게 구하니

단 1:8

/ 설교 영상 /

구별된 삶은 왕따가 아니라 계속 쓰임을 받는 비결입니다.

16
칠 월

나는 선한 목자라 나는 내 양을 알고
양도 나를 아는 것이 아버지께서 나를
아시고 내가 아버지를 아는 것 같으니
나는 양을 위하여 목숨을 버리노라

요 10:14-15

양을 위하여 목숨을 버리는 선한 목자를 따르는 양은
걱정할 것이 없습니다.

/ 설교 영상 /

15
유 월

나는 인애를 원하고 제사를 원하지 아니하며 번제보다 하나님을 아는 것을 원하노라 호 6:6

/ 설교 영상 /

하나님을 바로 아는 것이 진정한 예배입니다.

15
칠 월

내가 진실로 진실로 너희에게 이르노니 내 말을 듣고 또 나 보내신 이를 믿는 자는 영생을 얻었고 심판에 이르지 아니하나니 사망에서 생명으로 옮겼느니라 요 5:24

/ 설교 영상 /

그리스도는 우리를 사망에서 생명으로 옮기셨습니다.
기적 중 기적입니다.

16
유월

여호와께서 천천의 숫양이나
만만의 강물 같은 기름을 기뻐하실까
내 허물을 위하여 내 맏아들을,
내 영혼의 죄로 말미암아 내 몸의
열매를 드릴까 미 6:7

/ 설교 영상 /

무엇을 드릴 것인가보다
어떤 마음으로 드릴 것인가를 살펴야 합니다.

14
칠 월

주께서 인생으로
고생하게 하시며 근심하게
하심은 본심이 아니시로다

애 3:33

/ 설교 영상 /

하나님의 본심은 우리가 행복하게 사는 것입니다.

17
유월

> 보라 내가 너희를 보냄이
> 양을 이리 가운데로 보냄과 같도다
> 그러므로 너희는 뱀같이 지혜롭고
> 비둘기같이 순결하라 마 10:16

/ 설교 영상 /

그리스도인이 세상을 살아가는 것은 간단한 일이 아닙니다.
지혜와 순결을 동시에 붙들어야 합니다.

13
칠월

너희는 예루살렘 거리로 빨리 다니며
그 넓은 거리에서 찾아보고 알라
너희가 만일 정의를 행하며 진리를
구하는 자를 한 사람이라도 찾으면
내가 이 성읍을 용서하리라 렘 5:1

/ 설교 영상 /

하나님은 지금도 정의를 행하며 진리를 구하는
한 사람을 찾고 계십니다.

18
유월

새 포도주를 낡은 가죽 부대에 넣는 자가 없나니 만일 그렇게 하면 새 포도주가 부대를 터뜨려 포도주와 부대를 버리게 되리라 오직 새 포도주는 새 부대에 넣느니라 하시니라 막 2:22

/ 설교 영상 /

바꿔야 할 것과 바꾸지 말아야 할 것을
잘 분별하는 것이 지혜입니다.

12
칠월

나의 도움은 천지를 지으신 여호와에게서로다

시 121:2

세상의 사람들이 한순간에 무너지는 것은
참 의지할 분을 알지 못하기 때문입니다.

/ 설교 영상 /

19
유 월

모든 사람이 죄를 범하였으매 하나님의 영광에 이르지 못하더니 롬 3:23

/ 설교 영상 /

인간의 출발 지점은 소망이 전혀 없습니다.

11
칠 월

고난당한 것이 내게 유익이라 이로 말미암아 내가 주의 율례들을 배우게 되었나이다

시 119:71

/ 설교 영상 /

고난을 통해 배운 말씀은 둘도 없는 보배입니다.
이는 그리스도인들만 아는 비밀입니다.

20
유 월

죄의 삯은 사망이요
하나님의 은사는 그리스도 예수
우리 주 안에 있는 영생이니라

롬 6:23

/ 설교 영상 /

영생은 그리스도 예수를 통하여
하나님이 우리에게 주신 최고의 선물입니다.

10
칠 월

내 영혼아 여호와를 송축하라
내 속에 있는 것들아 다
그의 거룩한 이름을 송축하라

시 103:1

/ 설교 영상 /

하나님을 계속 찬양하도록 내 영혼에게
계속 명령해야 합니다.

21
― 유 월 ―

너희는 너희가 하나님의 성전인 것과 하나님의 성령이 너희 안에 계시는 것을 알지 못하느냐 고전 3:16

/ 설교 영상 /

내가 성전이라는 의식을 가지고 살면
이전과 동일하게 살아갈 수 없습니다.

09
칠 월

내 속에 근심이 많을 때에 주의 위안이 내 영혼을 즐겁게 하시나이다 시 94:19

/ 설교 영상 /

하나님은 근심을 즐거움으로 바꾸시는 분입니다.

22
유월

그런즉 선 줄로 생각하는 자는 넘어질까 조심하라

고전 10:12

/ 설교 영상 /

자만은 수시로 우리에게 찾아오는 복병입니다.

08
칠월

그의 노염은 잠깐이요
그의 은총은 평생이로다
저녁에는 울음이 깃들일지라도
아침에는 기쁨이 오리로다 시 30:5

/ 설교 영상 /

고난의 순간이 지나가고 기쁨의 순간이 오는 것은
평생에 걸쳐 찾아오는 하나님의 은총 때문입니다.

23
유 월

술 취하지 말라
이는 방탕한 것이니
오직 성령으로 충만함을 받으라

엡 5:18

/ 설교 영상 /

성령충만하든지 세상에 취하여 살든지 둘 중 하나입니다.

07
칠 월

여호와는 나의 빛이요 나의 구원이시니
내가 누구를 두려워하리요
여호와는 내 생명의 능력이시니
내가 누구를 무서워하리요 시 27:1

/ 설교 영상 /

하나님 한 분만 두려워할 때
모든 두려움으로부터 자유로워집니다.

24
유월

그러므로 땅에 있는 지체를 죽이라 곧 음란과 부정과 사욕과 악한 정욕과 탐심이니 탐심은 우상 숭배니라 골 3:5

우상 숭배로 가득한 세상에서
참된 예배자로 살기 위해 제거할 것이 한둘이 아닙니다.

/ 설교 영상 /

06
칠 월

어떤 사람은 병거, 어떤 사람은 말을 의지하나 우리는 여호와 우리 하나님의 이름을 자랑하리로다 시 20:7

/ 설교 영상 /

부질없는 것들을 의지했다가는 낭패를 당합니다.
오직 하나님만이 의지할 대상입니다.

25
유월

하나님의 말씀과 기도로 거룩하여짐이라

딤전 4:5

/ 설교 영상 /

말씀과 기도의 두 축이 승리의 길로 이끄는 힘입니다.

05
칠월

여호와는 가난하게도 하시고 부하게도 하시며 낮추기도 하시고 높이기도 하시는도다

삼상 2:7

하나님의 통치 가운데 일어나는 일들을
겸허하게 받아들일 줄 아는 것이 믿음의 삶입니다.

/ 설교 영상 /

26
유월

그러나 자족하는 마음이 있으면 경건은 큰 이익이 되느니라

딤전 6:6

/ 설교 영상 /

그리스도를 닮아 갈 때
경건이 이루어지고 삶은 풍성해집니다.

04
칠월

여호와는 죽이기도 하시고 살리기도 하시며 스올에 내리게도 하시고 거기에서 올리기도 하시는도다 삼상 2:6

/ 설교 영상 /

하나님의 절대 주권을 인정하며 날마다 겸손하게 살아가는 삶의 태도를 익혀야 합니다.

27
유월

모든 사람은 결혼을 귀히 여기고 침소를 더럽히지 않게 하라 음행하는 자들과 간음하는 자들을 하나님이 심판하시리라 히 13:4

/ 설교 영상 /

결혼 관계를 아름답게 유지하려면
서로 노력해야 합니다.

03
칠 월

너희는 나에게 거룩할지어다
이는 나 여호와가 거룩하고
내가 또 너희를 나의 소유로 삼으려고
너희를 만민 중에서 구별하였음이니라

레 20:26

설교 영상

하나님의 관심은 우리의 재능이나 능력보다 거룩에 있습니다.
거룩을 잃으면 끝입니다.

28
유월

영혼 없는 몸이 죽은 것같이
행함이 없는 믿음은
죽은 것이니라 약 2:26

/ 설교 영상 /

현실에서 작동이 안 되면 죽은 믿음입니다.

02
칠 월

하나님이 이르시되
이리로 가까이 오지 말라
네가 선 곳은 거룩한 땅이니
네 발에서 신을 벗으라 출 3:5

/ 설교 영상 /

하나님은 소명자에게 온전한 복종을 요구하십니다.

29
유 월

그러므로 모든 악독과 모든 기만과 외식과 시기와 모든 비방하는 말을 버리고

벧전 2:1

마귀는 가장 약한 부분을 공격합니다.
나의 약함을 한 가지라도 제거하기 위해
구체적으로 노력해야 합니다.

/ 설교 영상 /

01
칠 월

당신들은 나를 해하려 하였으나
하나님은 그것을 선으로 바꾸사
오늘과 같이 많은 백성의 생명을
구원하게 하시려 하셨나니

창 50:20

/ 설교 영상 /

빨리 결론을 내리면 후회가 남습니다.
멀리 보는 사람이 이깁니다.

30
유월

이는 세상에 있는 모든 것이
육신의 정욕과 안목의 정욕과
이생의 자랑이니 다 아버지께로부터
온 것이 아니요 세상으로부터 온 것이라

요일 2:16

세상에서 온 것과 하나님에게서 온 것을
분별하고 선택하는 것이 승리의 길입니다.

/ 설교 영상 /

7

July

평안

내가 사망의 음침한 골짜기로 다닐지라도
해를 두려워하지 않을 것은